그리스도교의 신
역사적 개관

폴 E. 카페츠

KB218615

그리스도교의 신

: 역사적 개관

2021년 9월 1일 초판 1쇄 발행

지은이 폴 E. 카페츠
옮긴이 김지호
펴낸이 김지호

도서출판 100
전　화 070-4078-6078
팩　스 050-4373-1873
소재지 경기도 고양시 덕양구 행신동
이메일 100@100book.co.kr
홈페이지 www.100book.co.kr
등록번호 제2016-000140호

ISBN 979-11-89092-22-1 03230

조지George와 해리엇Harriet에게

- 독자의 이해를 돕기 위해 옮긴이가 첨언한 부분은 다음과 같이 표시하였습니다.

  옮긴이 주: ●
  내용 삽입:〔 〕
  앞말 보충: 가운데 첨자

- 몇몇 단어는 병기하면서 어형을 임의로 바꾸었습니다(예: modalist → modalism)

서문

이 간결한 책은 그리스도인들이 2천 년 동안 신神에 관하여 숙고한 방대한 내용을 조망하기 위한 안내서입니다. 이 책에서 저는 '역사신학'을 시도하려 합니다. 역사 연구라는 점에서 이 책은 성서 시대부터 현재까지 그리스도교의 신 이해가 어떻게 전개되어 왔는지를 탐구하기 위해 연대기적 틀을 따릅니다. 신학 연구라는 점에서는 현대 그리스도인들이 신에 대한 신앙의 의미를 어떻게 오늘날에 맞게 표현할지를 고민할 때 곰곰이 생각해 보아야 할 몇몇 문제를 강조하는 식으로 이야기를 풀어 나갑니다. 이 책의 논의는 이 역사의 가장 기본적인 윤곽만 소개할 뿐이기에, 주제들을 완전하게 다루고 있다는 인상을 주지 않으려 합니다. 실제로 여기서 그저 몇 문장이나 단락으로 다룬 쟁점들은 모두 각 분야에 정통한 학자들이 쓴 논문monographs에서 전문적으로 다루어지고 있습니다. 그래도 이 책을 통해서 극도로 복잡한 역사의 두드러진 흐름과 그 안의 중요한 긴장을 확인할 수 있을 것입니다. 따라서 우리는 그리스도인들이 신에 대해 확언하는 바에 대해서, 또한 그러한 확언을 공식화하는 방식을 놓고 자기들끼리 논쟁을 벌인 문제들에 대해서도 어느 정도 기본적인 이해에 이를 수 있을 것입니다.

1

유대교와 유일신론의 발전

신에 대한 그리스도교의 신앙은 흐릿한 선사 시대의 이스라엘 종교에 그 기원들을 두고 있습니다. 이 역사를 재구성하는 주된 자료는 유대교 성서Jewish Bible입니다. 그리스도인들은 이를 구약성서Old Testament라고 부릅니다. 구약성서의 최종 편집자들이 편찬해 놓은 방식으로 인해, 독자들은 창세기의 창조 이야기에서 시작해서 아담, 하와, 노아, 아브라함, 모세, 다윗 등에 대한 이야기로 넘어갑니다. 그러면서 이스라엘의 신앙이 언제나 유일신론이었다는 인상을 받게 됩니다. 그러나 성서에 대한 현대의 비평적 연구는 이러한 전통적 관점에 도전하고 있습니다. 비평 연구는 유일신론이 표준이 되기까지 고대 이스라엘 종교가 실제 어떻게 발전했는지를 성서의 산발적 단서들로부터 짜 맞춰 내기 위해, 성서 이야기가 최종 편집판으로 굳어진 상태를 거스르는 작업을 해야 했습니다. 이스라엘의 역사가 재해석되어 지금의 성서 이야기 형태로 우리에게 주어진 것은 유일신론이 표준이 된 이후의 일입니다.

이스라엘인들도 근동의 다른 민족들처럼, 우리가 "신"deities or gods 이라고 부르는 존재들, 즉 선하든 악하든 간에 인간이 사는 세상을 형성하는 강력한 존재들이 실재한다고 생각했습니다. 일반적으로, 우리는 인간의 삶이 번영하기 위해 필요한 조건을 창조하고, 유지하고, 또 간혹 파괴할 수도 있는 자연의 힘들이 의인화된 것이 신들이라고 말할 수도 있습니다. 사람들은 인간의 삶을 결정하는 힘들을 사람 같은 것으로 상상했기 때문에, 적절한 의식을 통해서 신들을 달랠 수 있다고 믿었습니다. 이러한 의식을 수행하는 것이 고대 종교의 핵심을 이루었습니다. 신들에 관한 이야기나 신화는 이러한 힘들이 어떠했는지를 나타냈고, 우주의 기원과 우주 안에서 인간의 위치를 설명했습니다.

야웨신

메소포타미아메소보다미아(아브라함의 고향)와 이집트애굽(모세의 고향)가 교차하는 가나안의 지리적 위치를 고려할 때, 초기 이스라엘 종교와 신화는 비옥한 초승달 지대 문화라는 모체에서 유래했습니다. 다신론은 이스라엘이 탄생한 세계의 특징이었습니다. 이스라엘은 이웃 나라들과 마찬가지로 신들이 실재한다는 점을 당연하게 여겨졌지만, 여러 신들에게 예배하기를 거부하고 대신 오직 한 신만 경배하기로 결정했습니다. 그럼에도, 일편단심 자기 신에게만 전념하는 것은 아직 유일신론monotheism이 아니었습니다. 그것은 택일신론henotheism이었습니다. **유일신론**과 **택일신론**은 둘 다 오직 한 신만 경배한다는 말이지만, 학자들은 이 두 용어를 구분해서 사용합니다. 즉 택일신론은 여러 신이 존재한다는 점을 부정하지 않으면서 그중 딱 한 신만 골라서 섬기는 것인 반면, 유일신론은 오직 한 분의 진정한 신만이 실제로 존재한다는 믿음입니다. 그렇다면 핵심 문제는 이스라엘이 어떻게 완전한 형태의 유일신 신학에 이르렀는가 하는 것입니다. 왜냐하면 이것은 종교사에서 엄청난 전환점이며, 이 전환점이 없었다면 유대교나 그리스도교의 탄생도 없었을 것이기 때문입니다.

열두 지파는 하나의 나라로 합쳐졌는데, 야웨라는 이름의 신에 대한 헌신으로 하나가 되었습니다. 야웨는 자신이 선택한 도구, 곧 모세를 통해 이들을 이집트 노예 상태에서 해방했던 신입니다(출애굽기 3:1-17). 이집트 탈출 이후 모세는 기뻐 외칩니다. "오 주님[야웨님], 신들 가운데서 주님과 같은 분이 어디에 있겠습니까?"(출애굽기 15:11).[1] 그리고 얼마 지나지 않아서 야웨는 시나이산시내산

---

1   이 히브리어는 자음만 사용하여 기록되어 있습니다. 구약성서에서 신을 가리키는 이름은 YHWH인데, 학자들은 이 네 자음의 발음이 아마 "야웨"(Yahweh)일 것이라고 생각합니다. 유대교의 발달 과정 중 아주 후기 단계에, "마소라"(Masoretes)라고 불리는 중세 랍비 필사자들은 단어가 어떻게 발음되는지를 나타내기 위해 경전 본문에 모음 부호를 삽입했습니다. 하지만 그들이 신의 이름을 쓸 때는 '주

에서 체결한 계약약을 통해, 이스라엘이 신들 가운데 자기만 섬기도록 의무를 지웠습니다. 모세에게 준 십계명은 야웨가 자신을 이스라엘을 구원한 신으로 소개하면서 시작합니다. "나는 너희를 이집트 땅 종살이하던 집에서 이끌어 낸 너희의 주님[야웨], 너희의 신이다. 너희는 내 앞에서 다른 신들을 들이지 말라"(출애굽기 20:2-3). 이스라엘은 야웨 소유의 특별한 백성으로 구별되어야 합니다. 그런 다음 야웨는 자신의 호의에 대한 보답으로 이스라엘이 져야 하는 여타 종교적 의무와 도덕적 의무를 말해 주었습니다. 그리스도교의 관점에서 '복음'의 맥락 안에 놓인 '율법'law은, 즉 이스라엘이 야웨를 섬기는 것은 구원을 마련해 주신 것에 대한 감사에 기초합니다. 이와 같이 탈출 이야기는 토라Torah의 율법적 자료들을 해석하기 위한 적절한 맥락을 제공합니다.

야웨에 대한 이스라엘의 신앙에는 다른 독특한 특징도 있습니다. 우선, 본떠 만든 형상이나 '우상'을 만들지 말라는 금지가 있습니다(출애굽기 20:3; cf. 출애굽기 32장). 야웨가 보이지 않는다는 믿음이 이와 관련됩니다. "나를 본 사람은 아무도 살 수 없다"(출애굽기 33:20; cf. 이사야 6:5, 요한복음 1:18ᵃ). 고대 세계에서는 신과 여신을 시각적으로 묘사하는 일이 흔했습니다. 수 세기 후 외국인들이 예루

님'을 뜻하는 "아도나이"(Adonai)라는 히브리 단어의 모음 부호를 삽입했습니다. 신의 이름이 입 밖에 낼 수 없을 만큼 신성하다고 생각했기 때문입니다. 영어 단어 "여호와"(Jehovah)는 '야웨'의 자음과 '아도나이'의 모음을 조합하려 한 데서 비롯된 잘못입니다. 구약성서의 현대 영역본들은 '야웨-아도나이' 조합을 대문자 '주님'(LORD)으로 표기합니다.

살렘을 침략하여 성전신전에 들어갔는데, 그들은 성전에 유대인의 신을 표현한 동상이 없다는 사실을 알고 놀랐습니다. 야웨는 시각적 묘사 대신 자신의 언행을 통해서 이스라엘에 자신을 알렸습니다. 이스라엘의 신앙에서 핵심은 야웨가 이스라엘의 안녕을 위해 역사 속에서 행동해 왔다는 믿음입니다. 그는 이스라엘 백성을 이집트 종살이에서 구했고, 오래전 이스라엘의 조상들에게 약속했던 가나안 땅을 정복하게 하였습니다(신명기 26:1-11). 이렇게 야웨가 역사의 무대에서 행동한다는 생각은 신에 대한 성서의 독특한 확언들이 발전하는 데 핵심 역할을 했습니다. 가나안 사람들은 주로 농사를 해 나갈 풍요의 힘을 얻기 위해 신들을 숭배했습니다. 그리고 흔히 그렇듯 자연의 순환 과정에서 신들이 나타난다고 생각했습니다. 하지만 가나안 신들과는 달리 야웨는 불의와 압제의 굴레를 끊어 힘없는 백성을 해방하는 정치적인 힘 때문에 숭배받았습니다. 자연이 아닌 역사가 야웨의 주요한 영역이었습니다. 그래서 왕, 율법 수여자, 용사, 통치자, 재판자와 같은 정치적 은유들이 야웨에 대한 성서의 묘사에서 두드러진 역할을 합니다.

여호수아의 지휘하에 가나안을 정복한 후, 이스라엘을 따라다닌 가장 큰 유혹은 혼합주의syncretism였습니다. 즉 가나안 토착민의 신들을 야웨와 나란히 섬기는 것입니다. 분명 이스라엘 백성들은 땅을 경작해야 한다는 새로운 필요와 마주하게 되었고, 따라서 풍요를 보장해 주기로 명성이 자자한 신들을 만족시키는 것이 현명하다는 견해가 신빙성을 얻게 되었습니다. 예언자들선지자들은 이러한 혼합주의를 고발하고 비난했습니다. 혼합주의는 이스라엘이 광야에 머무는 동안 야웨가 이스라엘과 맺은 충성의 계약을 위반하는 것이라고 말이죠. 예언자 엘리야와 가나안 신 바알의 대리자들은 카르멜산^{갈멜산} 위에서 대결을 벌였습니다. 이 대결은 순수한 야웨 신앙을 대신한 혼합주의에 맞서는 비판을 보여 주는 고전적 묘사입니다. "너희는 언제까지 둘 사이에서 머뭇머뭇할 것이냐? 만일 주님[야웨]이 신이면 주님을 따르고, 바알이 신이면 그를 따르라"(열왕기상 18:21).

기원전 10세기에 초기의 지파 연맹이 군주제로 대체되었습니다. 처음에는 사울이, 그다음은 다윗이 통치했습니다. 이러한 변화는 종교적으로 큰 의미가 있습니다. 보수적으로 보자면, 군주제는 백성들에 대한 야웨의 유일한 왕권에 도전하는 것으로 보이기 때문입니다(사무엘상 8:5-8; 12:12). 그럼에도 불구하고 왕권 혁신이 받아들여지자, 이스라엘은 주변의 다른 고대 근동 민족들처럼 민족국가가 되었습니다. 다윗의 계통은 야웨가 다윗과 영구 계약을 맺어서 다윗의 왕위를 영원히 세운다는 믿음을 통해서 신학적으로 정당화되었습니다(사무엘하 7:11-16). 다윗의 아들 솔로몬은 나라의 새로운 수도인 예루살렘(시온)에 야웨를 위한 성전을 건축했습니다. 이 또한 혁신이었습니다. 이때까지 야웨는 말하자면 항상 이리저리 '이동 중'이었습니다. 보이지 않는 그의 임재는 이동성 있는 계약궤^{언약궤}로 표현되었습니다(출애굽기 25:10-22; 역대상 17:4-6). 이제 야웨는 예루살렘에 영원한 거처를 두었고, 야웨에 대한 예배는 예루살렘에 집중되었습니다(사무엘하 7:5-7; 열왕기상 8:27-30). 데칼로그십계명가 담긴 궤가 성전에 들어왔고, 이 행위는 모세의 시나이 전통과 다윗의 새로운 시온 신학을 결합하려는 노력을 상징했습니다(열왕기상 8:1-21). 하지만 통일 군주제는 오래가지 못했습니다. 그 세기가 끝날 무렵에는 두 왕국, 곧 북쪽에는 사마리아를 수도로 하는 이스라엘왕국이, 남쪽에는 예루살렘을 수도로 하는 유다왕국이 있게 되었습니다. 이후 이스라엘왕국은 기원전 722/721년에 아시리아앗수르에게 무너졌습니다. 기원전 579/576년에는 바빌로니아바벨론가 유다왕국을 정복했고, 그 후 주요 정치 지도자들과 종교 지도자들은 바빌로니아로 강제 유배되었습니다. 그러고 10년이 더 지난 후, 성전 자체가 파괴되었습니다. 유배 생활은 야웨 신앙의 신학적 기반을 의심하게 만들었습니다.

야웨의 패배?

왕조 붕괴, 성전 상실, 낯선 땅으로 이주, 이 모든 것은 바로 야웨가 더 강력한 바빌로니아 신들에게 패배했음을 나타내는 것 같습니다(시편 137:4). 그러나 예언자들은 이 딜레마에 대한 답을 가지고 있었고, 그래서 미래로 가는 길을 가리켰습니다. 예언자들은 야웨의 백성들이 계약에 충실하지 않았기 때문에 야웨께서 자신이 택한 백성을 벌하시는 것으로 국가의 위기를 해석했습니다.

유배 생활은 야웨의 패배를 암시하는 신호가 아니라, 토라에 명시된 모세의 계약 조건을 확인하면서 야웨의 정의가 정당함이 입증되는 신호였습니다(신명기 30:15-20). 유배 생활의 위기에 대응하면서 토라(모세오경)의 최종판이 편집되었습니다. 이제 이스라엘의 성스러운 이야기는 요르단강(요단강)을 건너 약속의 땅으로 들어가려고 하는 백성들에게 모세가 광야에서 지시하는 모습으로 마무리되도록 편집되었습니다. 이러한 새로운 결말은 유배 중인 이스라엘이 여전히 신의 백성일 수 있음을 내비친다는 데 의의가 있습니다. 약속의 땅을 소유하는 것이 아니라 계약에 충실한 것이 이스라엘과 신의 관계를 규정한다는 것이죠.[2] 게다가 야웨가 자기 백성을 벌하기 위해서 바빌로니아를 이용할 수 있다는 점은 그가 섭리하는 능력을 더 넓은 시각에서 볼 수 있음을 내비칩니다. 이제 야웨를 이스라엘 역사의 주인이 아니라, 모든 역사의 주인으로 보게 된 것이죠.

따라서 이렇게 국가의 역사를 새롭게 해석하는 일은 신을 이해하는 데 발생한 심오한 변화를 반영합니다. 이전에 야웨는 이스라엘의 신이었습니다. 이집트나 아시리아에 각각 자기 신들이 있었던 것과 마찬가지로, 이스라엘에도 야웨가 있었던 것이죠. 그러나 이제 야웨는 유일한 신적 존재로 여겨지게 되었습니다. 반면 다른 나라의 신들은 존재하지 않는 것으로 여겨졌습니다. 실제로

2   James A. Sanders, *Torah and Canon* (Philadelphia: Fortress Press, 1972). 『토라와 정경』, 박원일·유연희 옮김(고양: 한국기독교연구소, 2013).

다른 나라의 신들은 단지 상상이 빚어낸 허구로 조롱거리가 되었습니다(이사야 44:9-20). 야웨가 세계를 창조했기 때문에, 그를 유일한 신으로 확언했습니다(예레미야 10:1-16). 토라의 시작 부분인 창세기 1장에 나오는 창조 이야기도 이 시기에 유래했습니다. 여기서 우리는 이전의 택일신론과는 대조적으로, 유일신론이 애매함 없이 철저하게 표현된 것을 처음으로 목격합니다. 이제부터, 진정한 의미의 신은 세계의 창조자라는 정체성으로 정의됩니다(창세기 1:1). 신이 아닌 것은 모두 '세계'라는 범주에 속합니다. 따라서 유일신론에는 창조자와 피조물 사이에 분명한 선이 그어집니다. 우상 숭배는 이제 참 신이 아닌 존재들을 경배한다는 의미가 되었습니다. 그 존재들도 피조물이기 때문이죠. 그러니까 우상 숭배는 세상을 창조한 유일신을 예배하는 것과 대조됩니다.

이렇게 신을 단지 역사에서 행동하는 구원자가 아니라 자연 영역 전체의 창조자로 식별하면서, 유일신론은 이전의 택일신론 신학의 한계를 결정적으로 벗어났습니다. 구원하는 신의 능력은 창조하는 능력과 같은 것으로 확인되었습니다. 유일신론자들이 보기에 택일신론의 신은 부분적인 신이지, 자신의 통치가 세계 전체에 미치는 보편적인 신이 아닙니다. 이스라엘의 신은 이제 단지 부족신이나 국가의 신이 아닙니다. 모든 민족의 유일한 신으로 여겨졌습니다. 역사에 대한 그의 주권적 통치권은 세계의 창조자라는 정체성에 기초합니다. 이처럼 유일신론은 새로운 유대교 신앙의 필수 전제로, 택일신론적 야웨 신앙이 타고 남은 잿더미 나왔습니다.

유일신론은 신을 만물의 창조자로 믿기 때문에, 다신론에 대한 비판을 내포하고 있습니다. 즉 다신론의 신들이 자연의 힘을 의인화한 것이라는 함의가 있습니다. 반대로 유일신론자는 자연의 힘(이를테면 추수, 번식, 달과 별)이 신이 만든 창조 세계의 일부이기 때문에 신성이 없다고 생각합니다. 자연은 신이 설계한 질서라는 것이죠. 이런 이유로 자연의 힘은 경배 대상이 아닙니다. 신이 단순히 역사의 주인이 아니라 자연 세계를 창조하고, 유지하고, 또 섭리로 다스린다는 확언은, 유배 이전 시기에 이스라엘이 겪었던 가나안의 자연 신들을 섬기고 싶은 유혹으로 대표되는 현실의 실존적 문제가 비로소 충분하게 다루어졌음을 나타냅니다. 인간의 삶은 역사적 사건으로만 결정되지 않습니다. 아무리 역사적 사건들이 압제로부터 해방하거나 정의를 세우는 구원 사건이더라도 말이죠. 자연의 힘들, 이를테면 풍작을 가져다주거나 질병을 낫게 하는 것들도 삶의 질에 영향을 미칩니다. 이스라엘의 '지혜' 전통은, 신은 삶의 자연적 과정에(과정을 통해) 작용하는 궁극의 힘이라는 유일신론의 확언에 내포된 신학적 함의들을 표현했습니다. 이 전통은 세상에 분명하게 나타난 질서를 관찰하여 신의 길을 분별합니다. 지혜로운 사람은 신이 요구하는 바를 분별할 수 있고, 신이 창조한 세계와 적절한 관계를 맺으며 살 수 있습니다. 여기에는 음식, 포도주, 성적인 사랑, 물질적 재화 같은 자연 세계의 축복을 올바르게 사용하고 누리는 것도 포함됩니다. 사실 지혜 신학은 인간 공통의 경험을 반성함으로써 신의 뜻이 알려진다는 점에서 거의 세속적인 느낌이 납니다. 그러한 지식은 구원 역사에 호소함으로써 지지되는 것이 아닙니다.

바빌로니아가 페르시아에 무너진 후, 기원전 538년에 페르시아의 통치자 키루스그레스는 유배되었던 이들이 자기 고향으로 돌아가서 성전을 재건해도 된다는 칙령을 발표했습니다. 하지만 모든 유대인들이 돌아가지는 않았습니다. 바빌로니아나 다른 곳에서도 많은 유대인이 그대로 살았습니다. 유대인들이 토라를 배우고 신을 찬양하기 위해 모이는 시나고그(회당)라는 새로운 시설이 생겨났습니다. 회당은 디아스포라에서 생활하는 유대인들에게 핵심 종교 기관이 되었습니다. 왜냐하면 유대인이 사는 모든 도시에 회당이 있을 수 있었고, 예루살렘에 있지 않아도 신을 예배할 수 있었기 때문입니다. 지금 우리가 "유대교"(유다 민족의 종교)라고 부르는 것은 바빌로니아 유배기 동안 독특한 특성(예를 들어, 할례, 안식일 휴식, 음식 규정 준수)을 띠기 시작했습니다. 이는 우상 숭배자들에게 물들지 않도록 고안된 것입니다. 이스라엘은 택일신론에서 유일신론으로 그 신학이 변하면서, 자신들이 신의 백성으로 선택되었다는 새로운 이해에 이르렀습니다. 유대인들은 구별(또는 '거룩')된 상태로 머무는 데 골몰하면서도, 자신들이 다른 민족들('이방인들') 가운데 유일한 진짜 신을 증언해야 하는 임무를 맡았다고 생각했습니다. 이스라엘은 이방인들 가운데 구별된 민족으로서 자신들의 특수성과 보편적 유일신론이라는 극단 속에서 살았을 것입니다.

2

헬레니즘과 그리스도교의 출현

알렉산드로스 대왕Alexander the Great, BCE 356-323이 그 당시 사람들에게 알려진 세계 대부분을 정복하여 그리스 문명의 지배하에 두면서 새로운 시대가 열렸습니다. 그리스 문화와 알렉산드로스의 군대가 정복한 다양한 지역 문화가 상호 작용하면서, 헬레니즘Hellenism(고대 그리스인들이 그리스를 가리키는 말인 '헬라스'Ἑλλάς에서 유래)이라고 불리는 새로운 보편적 문명이 탄생했습니다. 유대교와 헬레니즘의 만남은 두 문화가 서로를 풍성하게 하는 기회였습니다. 동시에 유대교 내부에서는 헬레니즘을 차용하는 가장 적절한 태도를 놓고 상당한 긴장이 발생했습니다. 그리스인들헬라인들은 자신들이 우월한 문화를 가지고 있다고 생각해서, 비그리스인들을 "야만인"이라고 부르면서 자신들과 확실하게 구별했습니다. 알렉산드로스는 유대인을 포함하여 야만인들에게 '문명'을 가져다주는 것을 목표로 삼았습니다. 그러나 유대인들의 입장은 달랐습니다. 유대인들은 이방인들이 개종하여 자신들이 예루살렘에서 예배하고 있는 한 분이신 참 신을 인정하기를 바라고 있었습니다(시편 117:1; 이사야 2:1-4; 56:6-8; 말라기 1:11). 이러한 유대교와 헬레니즘의 합류는 신약성서가 그리스어^{헬라어/희랍어}로 쓰였다는 사실에도 나타납니다(로마서 1:14; 10:12; 갈라디아서 3:28ª).

헬레니즘과 만나는 유대인

일부 유대인들은 헬레니즘을 선별적으로 받아들였습니다. 헬레니즘에서 유대교 신앙과 양립할 수 있다고 여겨지는 부분을 취해서 개조한 것이죠. 알렉산드리아의 필론Philo of Alexandria, BCE 20?-CE 40?은 교육받은 유대인의 입장에서 진지하게 그리스 철학과 지적으로 교류한 좋은 예를 보여 줍니다. 필론에겐 두 가지 목적이 있었습니다. 하나는 철학적 개념을 통해서 유대교를 풍성하게 하는 것이고, 다른 하나는 동일한 개념적 자원을 사용하여 이방인들에게 유대교를 설명하는 것입니다. 필론과 같은 생각을 가진 유대교 사상가들에게 이스라엘과 그리스 전통 사이의 가장 분명한 접점을 제공한 그리스 문화는 무엇보다 철학이었습니다. 필론을 비롯한 이들이 철학에 큰 관심을 보인 이유는 그리스 철학자들이 직접 다신론 종교에 대한 비판을 내놓았기 때문입니다.

소크라테스Socrates, BCE 469-399는 그리스 철학사에 위대한 전환점을 남겼습니다. 그는 그리스 도시 국가에 이성을 기반으로 하는 윤리적 토대를 제공하는 일에 관심을 두었습니다. 다신론에 대한 비판이 그의 철학에서 직접적인 탐구 주제는 아니었지만, 그는 다른 모든 것과 마찬가지로 종교적 실천과 믿음에 대해서도 엄밀하게 따져 물었을 것입니다. 이렇게 따져 묻자 신화들이 모순으로 가득해 보였습니다. 게다가 신화에 묘사된 신들은 부도덕한 행위로 비난받게 됩니다. 소크라테스가 지적한 요점은, 호머와 여러 시인이 들려준 신들에 관한 이야기가 덕스러운 삶을 위해 필요한 도덕 지침을 제공하는 데 도움이 되기 어렵다는 것입니다. 소크라테스식 교육법의 목표는 참되고 선하고 아름다운 것에 관한 이성적 '지식'에 기초하여 덕스러운 삶을 영위하는 것입니다(cf. 로마서 12:2; 빌립보서 4:8). 이렇게 철학적으로 파고듦으로써 도달한 결과는 전통적인 종교적 믿음이 아무런 근거 없는 단순한 '억견'에 지나지 않는다는 결론입니다. 소크라테스 자신이 신들의 존재를 완전히 부정했는지는 분명하지 않습니다만, 그의 비판은 다신론적 종교 전통에서 이어져 내려온 신념을 약화하는 데 상당한 역할을 했습니다. 적어도 그가 살던 사회의 지식인층에서는 분명히 그런 역할을 했습니다.[1] 소크라테스는 결국 무신

1   Plato, "The Apology," 26C, in *The Last Days of Socrates*, trans. Hugh Tre-
     dennick (Harmondsworth, England: Penguin Books, 1969), 56-57. 『소크라
     테스의 변명』. 다음의 키케로(Cicero)의 책에서 '무신론'과 '미신'의 양극단 사이에

론을 가르쳤다는 혐의로 동료 아테네인들에게 사형 선고를 받았습니다.

필론과 같은 유대인의 관점에서 보면, 철학자들이 그들의 다신론 전통을 비판했다는 놀라운 사실은 그리스 철학과 유대 종교가 한데 모일 수 있는 길을 짚어 주었습니다. 필론은 이러한 가능성을 포착하여, 유대교가 사실 철학자들이 찾던 '이성적 종교'라는 점을 입증하려 했습니다(cf. 로마서 12:1).[2] 하지만 필론은 신에 대한 성서의 묘사에는 철학적 정신으로는 용납할 수 없는 측면이 있음을 알았습니다. 철학자들이 그리스 신들이 비이성적이고 부도덕적으로 행동했다고 말하면서 비판했던 것과 마찬가지로, 이스라엘의 신이 동일한 비난을 받을 만해 보이는 이야기들이 성서에도 있습니다. 그러나 철학자들은 '알레고리적' 해석 방법으로 신화를 해석하면서 이 문제를 해결했습니다. 알레고리는 문자 그대로 이

서 의미를 발견하고자 했던 세 명의 헬레니즘 철학자들 사이의 논의도 보십시오. *The Nature of the Gods*, trans. Horace C. P. McGregor (London and New York: Penguin Books, 1972). 『신들의 본성에 관하여』, 강대진 옮김(서울: 그린비출판사, 2019).

2   바울은 로마서 12:1에서 "합당한" 내지 "이성적인" 예배에 대해 말합니다. 이 헬라어는 로기켄(λογικὴν)으로, 영어 logical(논리적인)에 해당합니다. 유감스럽게도 이 단어를 흔히 "영적"으로 번역합니다. 그래서 바울의 말이 좀 더 '교회 친화적'(churchy)으로 들리게 하여 '철학적인' 느낌을 빼고 있습니다. 한스 디터 베츠(Hans Dieter Betz)는 다음의 유익한 논문에서 이 문구를 "합리적 종교"(reasonable religion)로 번역합니다. "The Foundation of Christian Ethics according to Romans 12:1-2," in *Witness and Existence: Essays in Honor of Schubert M. Ogden, ed. Philip E. Devenish and George L. Goodwin* (Chicago and London: University of Chicago Press, 1989), 61.

야기의 표면에 나타난 의미보다 더 깊고 영적인 의미를 담고 있기도 합니다(갈라디아서 4:24). 결과적으로 철학자들은 신화의 진정한 의미가 철학적 진리를 상징으로 나타낸 것이기에, 신화를 문자 그대로 받아들여서는 안 된다고 주장할 수 있었습니다. 이런 식으로 알레고리적 방법이 전통을 재해석하는 수단이 될 수 있기 때문에, 물려받은 종교 전통을 모조리 거부할 필요는 없습니다. 필론은 이 방법을 받아들여서 유대교 경전에서 문제가 되는 본문에 적용했습니다. 이 렌즈를 통해서 읽으면, 성서는 유일신론을 가르치는 철학적 텍스트이고 또 이성적인 윤리 강령입니다. 이렇게 경전을 읽는 방법은 고전 그리스도교에 큰 영향을 끼쳤습니다. 아우구스티누스의 경우 구약성서를 야만적이며, 철학적으로 종교에 접근하기에는 적합하지 않은 것으로 보고 혐오했다가, 이러한 해석 방법을 통해 처음 가졌던 생각을 넘어섰습니다.[3] 하지만 그리스 신들에 대한 경의를 표하지 않고는 그리스 문화(운동 경기, 연극)에 참여하기 어려웠기에, 헬레니즘은 유대 종교의 순수성에 위협이 되기도 했습니다. 실제로 어떤 유대인들은 완전히 헬레니즘에 동화되려고 유대교의 독특한 특징들을 포기하기도 했습니다(마카베오하 4:7-17). 물론 그리스인이 아닌 다신론자들에게는 이것이 아무런 문제가 되지 않았습니다. 왜냐하면 로마나 이

---

3   Augustine, *Confessions*, 5.14 and 6.4, trans. R. S. Pine-Coffin (Harmondsworth, England: Penguin Books, 1985), 108, 115-116. 고린도후서 3:6을 인용하고 있습니다. 『고백록』.

집트에서 숭배하던 신들과 그리스 신들을 동일시함으로써 그리스 신들을 섬길 수도 있었기 때문입니다. 하지만 유대교의 일신론자들에게는 이러한 혼합주의가 불가능했습니다. 헬레니즘과의 갈등은 기원전 168/167년 셀류코스(시리아)의 통치자인 안티오쿠스 4세 에피파네스Antiochus IV Epiphanes가 성전을 더럽히면서 잔인할 정도로 분명하게 드러났습니다. 에피파네스는 헬레니즘을 강요하려고 성전을 야웨, 바알, 제우스를 모시는 신전으로 바꾸었습니다(마카베오상 1:41-64; 마카베오하 6:1-11).

묵시론의 자극

이 시기에 유대교에는 묵시론apocalypticism, 종말론이라고 불리는 새로운 운동이 일어나 사람들을 고무했습니다. 묵시론은 모든 이방인들을 우상 숭배자로 나쁘게 여겼고, 그리스 문명과 유대 종교를 화해시키려는 노력을 전부 거부했습니다. **묵시**apocalypse는 역사에 대한 신의 감춰진 계획이 드러나는 것 또는 계시되는 것으로, 고대의 선견자先見者들이 맡아 왔던 것입니다(cf. 고린도전서 2:7). 묵시신학에 따르면, 역사 시대는 신이 세상에서 악의 지배를 궤멸하려고 개입할 때까지 점점 악해지는 것으로 미리 정해져 있습니다. 기원전 2세기에 기록된 다니엘서는 이런 유형의 문학묵시문학의 예입니다. 묵시신학은 종말론eschatology에 관한 문제, 즉 역사의 종말과 더불어 일어날 것으로 예상되는 사건들에 관한 문제를 다룹니다. 묵시적 유대인들은 자신들이 마지막 때에 살고 있다고 생각하며 신의 메시아(히브리어로 '기름 부음을 받은 자')를 기다렸습니다. 다윗과 같은 왕을 예상하며 기다린 것이죠(사무엘하 23:1; cf. 누가복음 1:32-33). 사람들은 메시아를 다양한 모습으로 그렸습니다. 하지만 메시아가 나타나면 우상을 섬기는 이방인들을 타도하고, 이스라엘을 회복하여 이전의 영광을 되찾고, 성전을 정화할 것이라고 생각했다는 점에서는 모두 동일합니다. 묵시론은 신을 대적하는 자들이 완전히 패배하고, 신이 이스라엘을 비롯한 온 세계의 왕으로서 다스리는 이런 승리의 날을 기다리는 것입니다. 따라서 역사의 종말은 우리가 아는 것처럼 '신의 나라'를 가져올 것입니다. 그날이 이르기까지는 사탄과 그의 군사들(귀신들)이 악한 현시대를 통치할 것입니다. 사탄('원수')은 유대교 신학에서 새로운 인물로 욥기에 처음 등장합니다. 욥기에서 사탄은 신의 원수가 아니라 오히려 신의 대리자입니다. 그는 의로운 욥이 고통에 시달리면서도 신에 대한 신실함을 지킬 수 있을지 신을 대신하여 시험합니다. 하지만 묵시신학에서 사탄은 신에게 반기를 들고 창조 세계에 대한 신의 주권을 찬탈하려고 하는 천사입니다(마태복음 4:8-10). 신은 세계를 다스릴 권리가 있는 주인이지만, 그럼에도 사탄은 이스라엘이 계약에 충실한 삶을 살기 거의 불가능한 환경을 조성함으로써 실제로 대혼란과 파괴를 가져오고 있습니다. 신은 이를 허용하지만, 어느 지점까지만 허용합니다. 사탄이 패배하는 순간, 모두가 신의 통치를 분명하게 볼 수 있을 것입니다.

이러한 신학적 발전의 결과로 유대교에 들어온 이원론적 모티프가 여기서 눈에 띕니다. 유대교가 조로아스터교라고 불리는 페르시아의 이원론적 종교와 만남으로써 이런 이원론적 요소가 유대교에 들어갔을 가능성이 있습니다. 여하튼지 묵시적 이원론은 독특한데, 형이상학적 이원론이 아니라 시간적 또는 역사적 이원론이기 때문입니다. 묵시론은 시대를 두 개로 구분합니다. 하나는 이 악한 시대고, 또 하나는 곧 다가올 신의 나라의 시대입니다. 이는 유배를 설명하기 위한 예언 운동에서 나온 유일신 신학에 위기가 있었음을 암시합니다. 유일신론의 관점에서 이 세계는 신이 창조했기 때문에 선합니다(창세기 1:31ª). 악은 인간이 지은 죄의 결과로 설명됩니다. 국가가 저지른 죄에 대한 신의 처벌로 설명되는 것은 유배만이 아닙니다. 개인이 시달리는 질병조차도 충실하지 못함infidelity, 종교적 간음에 대한 신의 심판으로 설명됩니다(시편 6:1-2; 이사야 45:7; cf. 요한복음 9:1-3). 역사는 정의롭고 주권적인 신과 결부되어 책임이 따르는 인간의 행동 무대로 이해됩니다. 그러나 이에 반해 묵시론은 이러한 신학적 전제의 타당성에 대해 깊은 의구심을 나타냈습니다.

예언자들과 달리, 묵시적 환상을 품은 이들은 신의 새로운 구속 행위를 역사 **안에서** 찾지 않았습니다. 이를테면 키루스 통치하에 회복되는 것과 같은 사건을 기대하지 않았습니다. 그 대신 신이 역사의 종말을 가져오기를 바라고 있었습니다. 그들은 역사**로부터의**

구속을 마음속에 그렸습니다.[4] 어떤 학자들은 예언 운동 자체가 묵시신학을 낳았다고 생각하고 있지만, 관심의 중심이 신의 구원 행위가 펼쳐지는 영역으로서의 역사(구원사)에서 창조에 집중하는 것('이 세상은 어떤 세상인가?')으로, 그리고 '새 창조'에 대한 열렬한 기대로까지 옮겨졌다는 점은 분명합니다. 이 옛 창조가 완전히 악한 영의 세력 아래 있기 때문입니다(고린도후서 5:17). 사도 바울은 유대교의 일신론자였지만, 그럼에도 불구하고 사탄을 "이 세상의 신"이라고 말한 적이 있습니다(고린도후서 4:4). 여기서 문제가 되는 것은 이원론적 주제들이 철저히 비이원론적인 일신론과 결합해 왔다는 점입니다. 이는 묵시신학 내부에 깊은 긴장을 만들었고, 세상이 신에 의해 창조되었다는 믿음을 실제로 포기하지 않으면서도 가능한 한 이원론의 방향으로 나아갔습니다.

묵시론은 옛 전통의 진짜 문제를 지적했습니다. 일신론의 틀을 일관되게 유지한 채 악을 설명하면 결국 어려움이 **있게** 됩니다. 욥의 딜레마는 이 점을 분명하게 보여 줍니다. 욥이 자신의 무죄를 주장하고 정의로운 신 앞에서 자신이 무죄함을 입증할 변론 기회를 요구하자, 그는 신의 창조의 위엄과 복잡함에 압도당합니다. 소위 욥의 친구라 불리는 이들은 욥이 분명 어떤 죄를 지었고 그렇지 않았다면 이런 식으로 고통받지 않았을 것이라고 주장했는데,

---

4　Gerhard von Rad, *Old Testament Theology*, trans. D. M. G. Stalker, 2 vols. (New York: Harper and Row, 1962, 1965), 2:301-8. 『舊約聖書神學』, 허혁 옮김(칠곡: 분도출판사, 1993).

신은 이를 반박하며 욥의 의로움을 입증합니다. 그러나 요점은 신이 세상을 지을 때, 인간의 이성으로는 완전히 이해할 수 없게 인간 이성의 능력을 초월하는 방식으로 세상을 설계했다는 것입니다. 우리는 신의 선하심과 의로우심을 정말로 계속 믿어도 되지만, 신의 길은 인간의 이해 너머에 있다는 것입니다(욥기 9:32-33; 38:1-42:6). 욥기와 전도서는 옛 전제들이 더 이상 통하지 않음을 보여 주는 이스라엘의 지혜 전통에서 나온 본보기입니다(전도서 3:11; 7:15; 8:16-17). 묵시 신학에서 두드러진 창조 모티프는 유대교 내부의 이 새로운 발전에서 이스라엘의 지혜 전통이 수행한 역할을 곰곰이 생각하도록 이끌었습니다. 역사가들이 묵시론을 설명하기 위해 어떤 해명을 내놓든지 간에, 어쨌든 묵시론이 이전의 성서 전통인 예언 전통과 지혜 전통 모두에 도전을 가한 것은 분명합니다.

묵시신학에는 여기서 짚고 넘어가야 할 또 다른 중요한 측면이 있습니다. 바로 최후의 심판과 죽은 자의 부활에 관한 믿음입니다. 구약성서에는 죽음 이후의 삶에 대한 언급이 많지 않습니다. 우리가 발견할 만한 언급으로는 스올ᵱᵚᵂ이라 불리는 막연한 사후 세계가 있습니다. 하지만 이것도 사실 죽은 자의 영역에 대해 말하는 방식일 뿐이며, 초기 단계의 이스라엘과 유대인의 신앙에는 사후에 개인이 생존한다는 명시적인 확언이 없습니다(시편 6:4-5; 전도서 9:5-6; 12:7). 우리는 묵시신학에 이르러서야 이러한 믿음이 출현한 것을 목격할 수 있습니다. 유일하게 다니엘서 12:2에서만 명확한 언급을 발견할 수 있습니다. 사후에 신이 신실한 이들에게 상을 주고 사악한 이들을 벌한다는 발상은 의인이 선한 행실로 말미암아 이 땅에서 상을 받고 마찬가지로 악인도 여기 이 땅에서 벌받는다는 믿음을 포기한 데서 비롯된 것입니다(전도서 7:15-16).

예수와 그의 추종자들

예수의 선포는 이러한 배경에서 이해되어야 합니다. 안타깝지만 역사가들은 그의 가르침을 아주 정확하게 재구성할 수 없습니다. 문제는 자료 자체의 특성에서 비롯됩니다. 이후의 그리스도인들은 예수의 구원의 의미를 오랫동안 고대하던 메시아 내지 그리스도('기름 부음을 받은 자'에 해당하는 그리스어)로 해석했고, 신약성서에서 네 복음서를 쓴 저자들은 이러한 렌즈를 통해 예수의 메시지를 나타냈습니다. 따라서 복음서 저자들의 이야기에는 '역사의 예수'와 '신앙의 그리스도'가 꽉 엉켜 있습니다. 하지만 이런 역사적 문제들이 있더라도, 또한 비록 수많은 세부 사항에서는 명확한 초점을 이해할 수 없더라도, 몇몇 사안들에 대해서는 예수 사역의 일반적인 성격과 취지에 대한 상대적인 확신을 가지고 말할 수 있습니다.

예수는 마가복음이 "신의 복음[기쁜 소식]"으로 특징지은 것에 대해 선포했습니다. "때가 찼다. 신의 나라가 가까이 왔다. 회개하고 복음을 믿어라"(마가복음 1:14-15). 그리고 이런 선포를 중심으로 추종자들을 모았습니다. 예수는 자기보다 앞서 나타났던 세례자 요한처럼, 신의 나라 내지 신의 통치가 임박했음을 알렸습니다. 하지만 금욕 생활을 하며 죄인들에게 "닥쳐올 징벌"을 경고했던 요한과는 달리(마태복음 3:1-12), 예수는 금욕적 생활 방식과 거리가 있었고(마가복음 2:18; 누가복음 5:33; cf. 마태복음 6:16-18) 기쁜 소식의 일환으로 신의 통치가 다가오고 있음을 알렸습니다(누가복음 4:16-21). 예수는 열두 지파의 회복을 나타내기 위해 자기 주위에 열두 명의 제자를 불렀습니다. 그가 예루살렘에 가자 그의 추종자들은 그를 다윗의 자손이라고 부르며 환호했습니다(마태복음 21:9). 한번은 예루살렘 성전에서 성전의 부패에 항의하기 위해 시위를 벌였습니다. 심지어 그는 굳이 도덕적으로도 종교 관습상으로도 흠이 있었던 '죄인들'과 어울렸습니다. 죄인들을 신의 백성의 무리 안으로, 이스라엘 안으로 다시 모으려고 말이죠(마가복음 2:15-17; cf. 누가복음 7:34; 15:1-2). 실제로 예수는 자기 말과 행동에서 분명하게 느껴질 만큼 신의 능력이 나타났기 때문에, 자기가 하는 일이 신의 나라를 선취하고 있다고 생각했습니다. 예수는 특히 자신의 병 고침과 구마exorcisms를 통해 사탄의 힘이 마침내 타도되고 있음을 보았습니다(마가복음 3:10-11, 14-15, 21-27; 누가복음 4:36). 누가누가는 예수가 예언자 이사야를 인용하여 지금 그 예언이 성취되고 있다고 선포하면서 자기 사역의 시작을 알리는 모습을 묘사합니다.

주님의 영이 내게 내리셨다. 이는 주님께서 내게 기름을 부으셔서 가난한 사람에게 기쁜 소식을 전하게 하려고 하신 것이다. 그가 나를 보내셔서, 포로 된 사람들에게 해방을 선포하고, 눈먼 사람들에게 다시 봄을 선포하며, 압제된 사람들을 자유롭게 하고, 주님의 은혜의 해acceptable year를 선포하게 하셨다(누가복음 4:18-19. 이사야 61:1-2를 인용하고 있습니다).

예수는 신의 통치가 미래의 현실이면서도 어떤 의미에서는 이미 이루어진 현재의 현실이라고 믿으면서, 지금 여기서 신의 나라를 향해 사는 것에 주로 전념한 유대교 선생이었습니다(누가복음 17:21; 마태복음 6:10).

예수의 가르침에서 임박한 신의 나라의 도래가 중심 모티브였습니다만, 예수는 신은 어떤 분이며 무엇을 요구하는지에 관한 자신의 이해를 설명하기 위해 성서 전통의 또 다른 측면도 사용하였습니다. 그는 신의 뜻의 설명하기 위해 토라를 해설했고, 무엇보다 신을 사랑하고 또 이웃을 자기 자신과 같이 사랑해야 한다는 이중적 의무로 토라의 계율을 요약했습니다(마태복음 22:35-40; 신명기 6:5; 레위기 19:18[b]). 예수는 앞선 예언자들이 그랬듯이, 가난하고 궁핍한 사람들에 대한 도덕적 의무를 무시한 종교적 의식 형태를 비판했습니다(마가복음 7:6-13; 마태복음 23:23; 25:31-46). 그는 이스라엘의 지혜 교사들처럼 자연 현상의 흐름 속에서 신이 모든 피조물을 섭리적으로 보살피고 있음을 알아보았습니다(마태복음

5:45; 6:25-34). 신에 대한 예수의 가르침은 성서-유대적 전통에 단단히 뿌리내리고 있었습니다. 예수가 자기 고유의 독특한 흔적을 남기던 순간에도 말이죠.

하지만 그리스도인들이 선포한 복음은 예수**의** 메시지가 아니었습니다. 오히려 예수**에 관한** 좋은 소식이었습니다. 로마인들은 예수가 "유대인의 왕"이라고 주장했다며 그를 십자가에 못 박았고, 예수의 제자들은 신이 예수를 죽은 자 가운데서 살리셔서 예수의 정당성을 입증했다고 증언했습니다(로마서 1:4). 그리스도교 메시지의 참신함은 그 후에야 비로소 나타났습니다. 제자들은 예수가 이스라엘이 오랫동안 기다려 온 메시아였고, 그의 죽음은 속죄의 희생제물이었지만, 그가 머지않아 마지막 날에 영광스럽게 귀환하여 권능으로 왕국을 세울 것이라고 선포했습니다. 이런 메시지와 함께 '교회'('모임'을 뜻하는 그리스어 '에클레시아'ἐκκλησία에서 유래)가 탄생했습니다. 그런데 예수는 신의 주권적 통치를 가르친 반면, 초기 교회는 예수의 죽음과 부활을 선포했습니다. 그러니까 예수는 악의 세력들이 단번에 전복되는 것이 신의 주권적 통치가 가까워진 것이라고 가르쳤는데, 초기 교회는 예수의 죽음과 부활이 시대의 전환을 알리는 신의 결정적인 행동이라고 선포한 것이죠.[5] 이는 미래를 기대하는 묵시신학에서

---

5 Rudolf Bultmann, *Theology of the New Testament*, trans. Kendrick Grobel, 2 vols. in one (New York: Scribner's, 1951, 1955), 1:3. 『新約聖書神學』, 허혁 옮김(서울: 한국성서연구소, 1976)

획기적인 것입니다. 교회가 최근에 일어난 사건, 곧 예수의 부활 사건을 신의 나라가 사탄의 통치에 대해 결정적인 승리를 확보했음을 보여 주는 신호로 지목했기 때문입니다. 이와 같이 '복음'은 구원을 가져오는 예수의 중요성에 관한 교회의 메시지가 되었습니다(마가복음 1:1과 1:14-15에서 **복음**이란 단어가 각각 어떻게 사용되었는지를 비교해 보십시오).

우리가 지금 그리스도교라고 부르는 것이 처음에는 유대교와 분리된 별개의 종교가 아니었습니다. 유대교 내부의 한 분파 내지 한 운동이었죠. 유대교 내에서 그리스도교의 독특한 신념은 메시아가 이미 왔다는 것이었습니다. 그 메시아가 십자가에 못 박혔다가 부활을 통해 신이 지지하고 있음을 입증받은 예수라는 것이죠. 교회는 스스로를, 메시아가 겸손한 모습으로 나타난 초림과 머지않은 미래에 영광스러운 모습으로 오실 재림(파루시아 παρουσία) 사이를 살아가는 이스라엘의 진짜 남은 자라고 생각했습니다(갈라디아서 6:16; 데살로니가전서 1:10; 4:13-18). 동료 유대인들을 복음화하려는 이들의 선교적 열정은 예수를 믿는 신앙이 심판 날에 신 앞에 설 수 있게 한다는 확신에서 비롯되었습니다(로마서 10:9-10). 하지만 유대교는 결코 십자가에 못 박힌 메시아를 기대하지 않았습니다. 사도 바울은 십자가가 "신의 능력"을, "신의 약함이 인간의 강함보다 강함"을 선포한다고 썼습니다. 그럼에도 이 선포가 메시아의 영광을 알리는 "신호를 요구하는" "유대인에게는 거리끼는 것"이었다는 점도 바울은 알고 있었습니다(고린도전서

1:22-25). 이와 같이 교회는 십자가에 못 박힌 메시아라는 현상을 설명할 수 있게끔 예언을 재해석할 필요가 있었습니다. 누가에 따르면, 이러한 재해석은 부활한 예수가 직접 시작한 것이었습니다(누가복음 24:13-35).

교회가 결국 유대교 분파에서 독립된 다른 종교로 발전하게 된 것은 이방인에 대한 선교와, 보통 "유대교적 그리스도교"("그리스도교적 유대교"라고 불리는 것이 나을 수도 있겠습니다만)라고 불리던 것과 구별되는 이방인 그리스도교의 출현을 통해서였습니다. 이방인 선교는 유대인과 그리스인, 문명인과 야만인, 철학자와 비철학자, 남자와 여자, 노예와 자유인 사이의 구별을 초월하는 새로운 보편적 인류를 향한 희망을 나타냅니다(갈라디아서 3:28; 로마서 1:14; 골로새서 3:11). 개종은 이방인들에게 다신론(나중에 그리스도교인들은 이를 "이교"paganism라고 부릅니다)을 거부할 것을 요구합니다. 그리스도교 선교의 이러한 측면은 이방인들이 우상 숭배에서 돌아서서 한 분의 참된 신을 섬기는 예배로 회심한다는 성서의 예언이 성취된 것으로 보였습니다(데살로니가전서 1:9). 이교에 대한 철학적 비판을 접해 왔던 많은 이방인들은 유대교에 공감할 수 있었습니다. 그러한 사람들(이른바 신을 경외하는 자들)은 초기 그리스도교에서 선교 활동의 주요 대상이었습니다(사도행전 17:4, 17; 18:7). 회당과 교회는 예배에 희생제물이 없었기 때문에, 실제로 그들이 보기에 종교라기보다 철학 학파에 가까웠습니다.

예수의 사역이 동료 유대인들을 향하고 있었던 반면, 바울의 사역은 이방인을 향하고 있었습니다. 바울의 천재성은 그리스-로마 문화의 종교적·철학적 표현을 사용하여 묵시적 종말론에 대해 말하려 했다는 데 있습니다. 누가가 쓴 초대교회의 역사는 바울이 당시 가장 중요한 두 가지 철학 흐름인 에피쿠로스 철학과 스토아 철학의 대표자들과 아테네에서 토론하는 모습을 그리고 있습니다. 누가는 심지어 바울이 이교도 시인과 철학자들의 종교적 확언을—동의하면서—인용하는 모습까지 그리고 있습니다. "우리는 그[신] 안에서 살며, 움직이며, 존재합니다." "우리는 그의 [신의] 소생입니다."[6] 아테네에서 바울의 말을 듣던 사람들은 그가 미신을 비판한 점에는 동의했지만, 그가 부활을 확언한 점에 대해서는 못 믿겠다는 반응을 보였습니다(사도행전 17:16-34). 바울은 "그리스인들이 지혜를 구한다"(철학philosophy은 '지혜에 대한 사랑'을 의미합니다)는 점을 인정했습니다. 그럼에도 불구하고 "세상은 지혜를 통해서는 신을 알지 못했습니다." 그런 까닭에 십자가의 복음이 사실 "사람의 지혜보다 지혜로운" "신의 지혜"이더라도 "이방인에게는 어리석은 것"입니다(고린도전서 1:21).

바울 자신이 생각하기에, 이방인들은 한 분의 참된 신을 섬겨야 했습니다. 왜냐하면 사람이 신에 대해 알아야 하는 것이라면 무엇이든 창조 질서 자체에 명백히 나타나기 때문입니다.

6　에피메니데스(Epimenides, BCE 6세기)와 아라토스(Aratus, BCE 3세기)를 인용한 것입니다.

신에 대해 알 수 있는 것은 사람들에게 분명하게 나타나 있습니다. 왜냐하면 신이 사람들에게 보여 주었기 때문입니다. 세상이 창조된 때부터, 그의 영원한 능력과 영원한 신성은 보이지 않더라도 창조물을 통해 나타났으며 알려졌습니다. 그래서 사람들은 핑계를 댈 수가 없습니다. 사람들은 신을 알면서도, 신을 영화롭게 하지도 신에게 감사하지도 않았으며, 생각이 허망해져서 몰지각한 마음이 어두워졌습니다. 사람들은 자신이 지혜롭다고 주장하지만, 어리석게 되었습니다. 사람들은 썩지 않는 신의 영광을, 썩을 인간이나 새나 짐승이나 기어 다니는 것들을 닮은 형상으로 대체했습니다(로마서 1:19-23).

여기서 바울의 언어는 스토아학파의 '자연신학'natural theology에 뿌리를 둡니다. 자연신학은 자연(피시스φύσις) 질서에서 신의 실재 및 성품에 관한 확언을 추론해 냅니다. 자연신학은 '계시' 신학과 구별됩니다. 계시 신학은 성스러운 텍스트에 그 기초를 둡니다. 신에 관한 지식이 초자연적으로 계시되어야 한다면(예를 들어, 시나이산에서 모세가 받은 토라), 이방인들이 우상을 섬기는 이유는 이러한 특별 계시를 몰랐기 때문이라고 간단하게 설명될 수 있습니다(사도행전 17:30). 그러나 바울은 모든 사람이 본래 가지고 있는 신에 대한 지식을 막은 죄의 책임이 그들 자신에게 있다고 주장합니다.

바울은 이방인의 부도덕함이 우상 숭배에서 비롯되었다고 주장했습니다(로마서 1:24-32). 이방인의 종교와 도덕성의 관계를 이렇게 보는 것은 유대인들 사이에 전형적인 관점이었습니다(지혜서

14:27). 바울이 도덕적 행위와 부도덕한 행위를 기술하기 위해 **자연적**본성적/순리적**과 부자연적**이라는 말을 사용한 것은 그가 스토아학파에 의존했음을 보여 주는 또 다른 흔적입니다. 스토아학파는 '자연법'에 기초한 윤리를 가르쳤는데, 이들의 견해에 따르면 참된 도덕은 자연에서 배울 수 있습니다. 이러한 자연 도덕법 철학 전통은 이후 그리스도교 윤리의 발전에 큰 영향을 미치게 됩니다. 특히 바울이 복음으로 회심한 이방인들에게 토라를 준수하도록 요구하지 않았기 때문입니다. 그 대신 바울은 이방인 회심자들에게 그리스-로마 철학자들이 대중화한 도덕률에 따라 살 것을 촉구했습니다. 심지어 토라 준수가 예수의 가르침에 상정된 틀인 경우에는 예수의 가르침조차도 이방인 회심자들에게 직접적으로 적용되지 않습니다.[7]

이 마지막 사항은 이방인 회심자들이 토라를 받아들여서 유대인처럼 살아야 한다고 주장했던 초기 그리스도교 운동의 다른 지도자들과 바울 사이에 벌어진 논쟁의 골자였습니다(갈라디아서 2장). 이 예수 추종자들에게는, 예수가 이스라엘의 메시아로 선포되었기 때문에 유대교를 수용하지 않고도 복음을 받아들일 수 있다는 것은 상상도 못할 일이었습니다. 비유대인이 유대교로의 개종을 통하지 않고도 이스라엘의 일원이 될 수 있을까요? 바울은 메시아가 오기까지 토라가 이스라엘에 잠정적인 방편으로 주어졌다

---

7   Betz, "The Foundation of Christian Ethics," 57-58.

고 주장합니다. 신은 아브라함이 많은 민족의 조상이 될 것이라고 약속했습니다. 아브라함은 신의 약속을 믿었고, 그 믿음으로 인해 "의롭게 여겨"졌습니다(창세기 15:1-6). 바울은 그리스도의 도래가 신이 아브라함에게 한 약속의 성취라고 생각했습니다(로마서 4장; 갈라디아서 3:6-9). 바울은 아브라함이 할례받기 전에 신앙으로 의롭게 되었다는 점을 주목했습니다. 따라서 할례가 아니라 신의 약속을 믿는 신앙이 의롭게 합니다. 토라는 아브라함에게 약속이 주어졌을 때부터 그 약속이 그리스도 안에서 성취되기까지 이 사이의 시기에 후견인과 같은 역할을 했습니다. 즉 토라는 미성년자가 성인이 되어 약속된 유산을 상속할 때까지 미성년자를 감독하는 후견인과 같은 역할을 한 것입니다(갈라디아서 3:23-26; 4:1-2). 복음은 아브라함에게 앞서 전파되었고, 그래서 복음을 믿는 사람은 모두 아브라함의 후손입니다. 따라서 바울은 "사람이 율법을 지키는 행위와 상관없이 믿음으로 의롭게 된다"라고 주장합니다(로마서 3:28). 바울은 자신이 토라를 뒤엎고 있다고 생각하지 않았습니다. 그는 이것이 경전 자체가 가르치는 바라고 믿었기 때문입니다(로마서 3:31; 갈라디아서 3:21-22). 바울은 또한 성서에 나오는 유일신론의 보편성이 이러한 결론을 수반한다고 보았습니다. "신이 유대인만의 신이실까요? 이방인의 신이시기도 하지 않습니까? 그렇습니다. 이방인의 신이시기도 합니다. 신은 한 분이시기 때문입니다"(로마서 3:29-30ª). 교회 안에서 바울과 생각이 같은 유대인들에게 이러한 가르침은 유대인을 비유대인과 구분해 주었던 관습과 정결법을 포기할 것을 요구합니다(사도행전 10장; cf. 로마서 2:28-29과 고린도전서 9:19-23). 실제로 바울은 '유대인'과 '할례'의 의미에 관한 알레고리적 해석을 내놓기도 했습니다. "내적 유대인이 유대인이며, 진짜 할례는 마음의 문제이며 영적인 것이지, 문자적인 것이 아닙니다"(로마서 2:29ª). 그러나 여기서 또 다른 그리스도교 유대인들은 바울을 따를 수 없었고, 이로 인해 예수 운동에 분열이 발생했습니다.

유대교와 갈라서게 한 또 다른 중요한 문제는 신과 관련하여 예수의 정체성을 고찰하는 방향의 차이였습니다. 이 문제는 결국 삼위일체 교리로 끝이 납니다. 신약성서의 저자들은 예수에게 여러 칭호를 적용합니다(예를 들어 메시아, 다윗의 자손, 사람의 아들, 주님). 이 중에서도 가장 논란이 되는 것은 아마 신의 아들이란 칭호였을 것입니다. 이는 원래 이스라엘의 왕들과(사무엘하 7:14; 시편 2:7) 그 뒤에 오는 메시아에게 적용되는 말이었습니다. 구약성서의 용례를 따르면, 신의 아들이라는 예수에 관한 언어는 원래 존경을 나타내는 표현이었을 수도 있습니다. 복음서는 예수가 세례를 받을 때 신이 "이는 내 사랑하는 아들이다. 내가 그를 기뻐한다"라고 말하는 소리가 있었다고 이야기합니다(마태복음 3:17). 예수는 신을 자기 "아버지"라고 불렀고(아람어 아바אבא는 '가장 친밀하게 사랑하는 아버지'에 가까운 의미입니다), 제자들에게도 신을 "우리 아버지"로 부르도록 가르쳤습니다(마태복음 6:9). 바울은 세례받은 이는 신을 아버지라고 부르며 기도할 수 있게 하는 영the Spirit을 받으며, 그로써 예수와 신의 아버지-아들 관계로 입양된다고 기록합니다(로마서 8:14-17; 갈라디아서 4:4-7). 초기 그리스도인들은 신의 영이 인류에게 부어지는 것을 종말론적 희망의 성취로 보았습니다(요엘 2:28-29를 인용한 사도행전 2:1-21). 사람들은 '영'을 아직 삼위일체의 '세 번째 인격'으로 그리지 않았습니다. 이 단계에서 영은 기적을 비롯하여 그리스도인들 사이에 나타나는 여타 은사 현상charismatic phenomena의 원인이었습니다(사도행전 8:14-24; 고린도전서 12:1-11). 그런데 더 중요한 점이 있습니다. 영은 죄와 죽음이라는 악령 세력의 속박을 끊어서, 세례를 통해 그리스도의 죽음과 부활이라는 구원의 유익에 참여하는 그리스도인들이 신에게 순종하며 살 수 있게 하는 신적 능력입니다(갈라디아서 5:16-26). 우리는 이러한 진술에서, 신에 대해 말하는 뚜렷하게 그리스도교적인 방식이 시작되고 있음을 목격합니다. 바울이나 여타 신약성서의 저자들이 세 용어(성부 신, 성자 예수, 성령)의 관계를 개념적으로 명확하게 하지는 않았습니다만, 세 용어 자체가 맨 처음부터 그리스도교의 예배와 신학을 구성하고 있었다는 점은 분명합니다.

소위 "아래로부터의" 그리스도론에 따르면, 예수는 부활 때(로마서 1:4), 세례받을 때(마가복음 1:9-11), 태어났을 때(마태복음 1:18-25; 누가복음 1:26-35) 신에게 아들로 입양됩니다. 이런 유형의 '저'그리스도론low Christology은 이방인 교회에서는 표준이었던 "위로부터의" 그리스도론을 거부한 유대 그리스도교인에게는 일반적이었습니다. '고'그리스도론high Christology에서 그리스도는 사람의 모양을 취한 신적 존재로, 만물보다 먼저 존재합니다(빌립보서 2:5-11; 골로새서 1:15-20). 이방인 개종자들이 살았던 다신론적 맥락에서는 예수가 신의 아들이라는 말이 이교 신화의 렌즈를 통해 해석되었을 것입니다. 이들의 신화는 신들과 여신들에게 자녀가 있다고 이야기하는데, 이런 렌즈 없이 예수가 신의 아들이라는 말이 해석되었을 가능성은 상상하기 어렵습니다. 2세기에 변증가 아테나고라스Athenagoras는 그리스도인들이 예수를 신의 아들이라고 부를 때 의미하는 바에 대한 이러한 오해에 맞서 싸워야 했습니다.[8] 그리스도인들은 이제 막 시작된 그리스도교 삼위일체론의 언어를 이방인의 다신론과 구분 지어야 했고, 동시에 유일신론의 기본 전제를 훼손했다는 유대인들의 비난에도 맞서 변론해야 했습니다. 우리는 요한복음에서 예수가 자신을 신과 동등하게 여겨서 유대인들이 예수를 신성 모독으로 고발하는 내용을 읽습니다(요한복음 5:18; cf. 빌립보서 2:6). 하지만 우리는 이런 내용을, 예수가 자신에 대해 가르친 바를 나타내는 것이 아니라, 오히려 예수가 죽은 뒤 몇몇 그리스도인들이 예수에 대해 가르쳤던 바를 반영하는 것으로 이해할 것입니다. 이후 그리스도교 신학의 숙제는 이렇게 예수를 신의 아들로까지 높게 간주하는 견해가 어떻게 유일신론과 조화될 수 있는가 하는 문제입니다. 이제 그리스도교 신학은 그리스 철학의 범주들에서 도움을 받아 문제를 해결하려고 합니다.

---

8   Athenagoras, "A Plea Regarding Christians," in *Early Christian Fathers*, ed. Cyril C. Richardson (New York: Collier Books, 1970), 309.

3
고전 그리스도교 전통의 전제들

마르키온Marcion과 영지주의자들Gnostics의 가르침이 촉발한 2세기 교회의 논쟁들로 인해, 그리스도인이 신과 예수에 관한 언어를 사용할 때 훨씬 더 명확하고 정확해야 할 필요성이 분명해졌습니다. 이들의 가르침은 결국 이단으로 판단되어 거부되었습니다만, 새롭게 등장한 교회는 이로 인해 정통적 삼위일체 신학을 세울 신학적 토대에 관한 몇 가지 결정을 내리게 되었습니다. 이 토대는 바로 교회의 그리스도론적 주장들에 대한 유일신론적 전제와 관련된 것이었습니다. 영지주의자들과 마르키온은 그리스도교가 유대교와 기본적인 연속성이 있는 유일신 종교인지를 문제 삼았습니다. 이 두 이단은 모두 이원론이라는 공통점이 있지만, 이원론 신학을 옹호하는 이유는 서로 달랐습니다.

이원론의 도전들

마르키온의 사상은 구원론적 관심, 즉 인간이 어떻게 구원받는지에 대한 관심에서 촉발되었습니다. 마르키온은 옛 계약이 가르치는 구원의 길이 새 계약의 길과 반대되기 때문에, 그리스도인들이 유대교 경전의 유산을 거부해야 한다고 주장하며 도전했습니다. 마르키온이 보기에 옛 길과 새 길의 차이가 내포하는 바는 유대 종교를 일으킨 신이 예수가 계시한 신과 다르며 더 열등하다는 점입니다. 그리스도인들 사이에서 예수의 아버지로 알려진 신은 유대인들이 야웨로 알고 있는 신적 존재와 다르다는 것이죠. 유대인들은 법과 정의의 신을 섬기는 반면, 그리스도인들은 자비와 사랑의 신에 의해 야웨의 규율로부터 구원받습니다. 마르키온이 보기에는 교회에서 이 두 신을 하나의 신으로 동일시한 것이 원래 이단입니다. 예수가 전한 아마도 반-유대적이었을 메시지를 교회가 왜곡하여 전했다는 것이죠. 마르키온의 신학은 바울 서신에서 발견되는 주제들을 급진화한 것으로 잘 설명될 수 있습니다. 마르키온은 바울이야말로, 복음을 유대교화하여 왜곡하는 이들에게 맞서 복음을 지켜 낸 참된 수호자라고 칭송했습니다. 마르키온은 또한 신약성서 경전들을 한데 모아 정경 목록을 작성한 최초의 인물입니다. 그의 정경에는 바울 서신들과 누가의 복음서가 들어 있습니다. 하지만 마르키온은 이 중에도 부정직한 유대인이 유대교와 그리스도교 사이의 대립antithesis을 누그러뜨리고자

가필한 내용이 있다고 생각했고, 그런 부분들을 제거했습니다.

마르키온은 구원에 대해 고찰하면서 이원론을 끌어냈지만, 영지주의자들은 우주론에 대한 고찰과 깊이 관련된 철저한 형태의 이원론을 개발했습니다. 그들에게 근본적인 대립은 형이상학적인 것으로, 사물의 궁극적인 구조에 뿌리를 두고 있습니다. 실재의 궁극적인 원리는 두 가지인데, 서로 반목하고 있습니다. 하나는 물질인데 이는 악한 것입니다. 다른 하나는 영으로 이는 선한 것입니다. 예수를 보낸 신은 영적 원리인 반면, 세상을 창조한 신은 보다 열등한 물질적 원리입니다. 구원이란 인간 안에 흩어져 있는 신적 불꽃이 육체의 감옥으로부터 자유롭게 되어 신적인 영적 근원과 재결합될 수 있도록 이 악한 물질세계에서 해방되는 것입니다. 인간의 곤경을 깨닫게 하는 구원의 지식 내지 **영지**^{gnosis}를 계시하여 구속의 역할을 수행하려면, 예수는 진짜 인간 존재여서는 안 됩니다. 그는 피와 살을 가진 사람처럼 보이기만 해야 합니다. 그렇지 않았다면 예수 역시 물질세계에 속박되었을 것이기 때문입니다. 자신의 영지주의 추종자들을 물질세계에서 구조하기 위해 물질세계에 왔음에도 말이죠. 예수도 이 감옥 세계를 감시하는 수호자들에게 발견되지 않으려면 인간이라는 옷을 입어야 했습니다(cf. 고린도전서 2:8). 이러한 그리스도론을 **가현설**^{docetism}('나타남'을 의미; 요한일서 4:2; 요한이서 7절을 보십시오)이라고 합니다.

영지주의의 기원은 여전히 논란이 되고 있습니다. 어떤 학자들은 영지주의가 그리스도교 교리의 극단적 헬레니즘화를 나타낸다고 가정해 왔습니다.[1] 그리스도교 신학에 지대한 영향력을 행사한 플라톤주의의 본질을 생각한다면, 이 견해는 어느 정도 그럴듯합니다. 소크라테스의 가장 뛰어난 제자이자 아카데메이아라고 불리는 학교의 창시자인 플라톤BCE 429?-347?은 이원론적으로 생각하는 성향을 지닌, 세계 안에서의 인생에 대한 철학적 관점을 발전시켰습니다. 플라톤은 이성적인 영혼과 물질적 몸을 날카롭게 구분했습니다. 즉, 전자는 우리 안의 신적 요소이고, 후자는 비이성적인 정념입니다. 덕은 육체의 욕망을 절제하도록 훈련하여 이성적 삶을 영위하는 데 있습니다. 이런 이원론은 그의 우주론에 똑같이 반영되어 있습니다. 세계의 제작자('데미우르고스'the demiurge)는 무질서한 혼돈에 영원한 '형상들' 내지 '이데아들'을 부여함으로써 질서를 가져왔습니다. 이데아들은 우주를 설계하는 데 청사진 역할을 했습니다.[2] 플라톤에 따르면, 물리적인 몸도 물질세계도 악하지는 않지만, 이성적 영혼과 불변하는 형상의 영역보다 열등합니다(형상의 영역은 이성적 영혼과 밀접한 관계가 있습니다). 플라톤주의에서 출발하여 질료와 물리적 육체를 악으로 보는 영지주의에 이르는 길은 사실상 한두 발자국 거리라는 느낌이 들 수도 있습니다. 그렇더라도 그리스

---

1   Adolf von Harnack, *What Is Christianity?* trans. Thomas Bailey Saunders with an Introduction by Rudolf Bultmann, Fortress Texts in Modern Theology (Philadelphia: Fortress Press, 1986), 205-209. 『기독교의 본질』, 오흥명 옮김(서울: 한들출판사, 2007)

2   Plato, "Timaeus," 28-30B, in *Plato: The Collected Dialogues*, ed. Edith Hamilton and Huntington Cairns (Princeton: Princeton University Press, 1989), 1161-63. 『티마이오스』.

사상이 교회에 과도하게 영향을 미치면서 영지주의가 발생했다는 가설에는 유대교와 헬레니즘이 서로 대립한다는 가정이 깔려 있습니다. 그리고 이런 이유로 유대교적인 것은 헬레니즘적인 것일 수 없으며, 그 역도 마찬가지라는 것입니다. 하지만 이런 주장은 다양한 형태의 유대교가 실제로 얼마나 깊이 헬레니즘화되었는지를 인정하지 않는 처사입니다. 유대교에서 중요한 측면이 얼마나 헬레니즘 정신에 영향을 미쳤는지는 말할 것도 없습니다.

또 다른 가능성은 묵시적 희망들에 대한 기대가 완전히 어긋난 이후 영지주의가 나타났다는 것입니다. 로마인들은 기원후 70년에 제2성전을 파괴했고, 두 번의 유대인 반란(66-70년, 132-135년)을 진압하면서 유대인들을 좌절시켰습니다. 메시아는 신의 나라를 세우러 오지 않았습니다. 이 시기의 그리스도인들에게는 예수가 영광 속에서 얼른 귀환하지 않고 귀환이 지체되는 것이 교회 안에서 신학적 문제가 되었습니다(베드로후서 3:3-4, 8-10). '새로운 창조'를 바랐던 유대인과 그리스도인들은 이제 창조에 완전히 반대하며 자신들의 시간적 이원론을 형이상학적 이원론으로 바꾸고 싶은 유혹을 받았을지도 모릅니다. 이러한 논지를 지지하면서, 영지주의 작품들에서 발견되는 창세기의 창조 이야기에 대한 여러 주석을 언급할 수도 있습니다.[3] 그렇다면 영지주의자들이 창

3   Everett Ferguson, *Backgrounds of Early Christianity*, 2nd ed., (Grand Rapids: Eerdmans, 1993), 288-290. 『초대 교회 배경사』, 3판, 박경범·엄성옥 옮김 (서울: 은성, 2005).

조에 집착한 것은, 창조 세계를 관찰함으로써 신의 길을 분별하는 이스라엘의 지혜 전통에서 시작하여, 어떻게 악이 설명될 수 있을지를 이해하기에는 신의 창조가 너무 수수께끼처럼 느껴지는 욥을 거쳐서, 신이 원래 이 세계를 선하게 창조했지만 타락하여 악한 세력에 속박되었다고 믿는 묵시 신학에 이르는 궤적의 정점을 내비칩니다. 어쨌든 수많은 유대인과 그리스도인에게 예언자적 유일신론이 얼마나 문제가 되었는지를 알 수 있습니다. 예언자들의 신학에 따르면, 세상을 창조하고 역사를 다스리는 신적 존재는 선하고 정의롭습니다. 그러나 역사는 묵시적 소망들을 입증하지 못했고, 자연이 계속 질병과 죽음으로 가득 차 있다는 것은 모두가 아는 사실입니다. 영지주의 신학이 이단으로 드러났다 하더라도, 영지주의 신학이 주는 대답은 많은 사람들에게 설득력이 있었습니다. 이러한 설명 능력은 언제나, 악을 설명함에 있어 유일신론에 내재된 명백한 약점에 대해 이원론적 견해들이 갖는 강점이었습니다.

마르키온과 영지주의자들을 거부한 일은 이후 그리스도교 신학의 발전에 중대한 역할을 했습니다. 이들의 도전으로 인해 새롭게 등장한 정통 교회는 진정한 '사도적' 전통을 결정해야 했습니다. 이 전통은 다음을 포함합니다. (1) 최초의 사도들과 직속 계승자들이 썼다고—따라서 권위 있다고—추정되는 신약 경전들로 구성된 하나의 정경 목록, (2) 사도들의 공통된 가르침이 반영되었다고 여겨지는(나중에 '사도신조'가 되는) '신앙의 규준'rule of faith

내지 신조 진술 (3) 신조에 부합하게 경전들을 해석할 권한이 있는 감독들의 사도 전승.[4] 그리고 그리스도교의 정경에는 구약성서도 포함됩니다. 이는 그저 편집상의 결정이 아니라, 세상을 창조하고 역사를 다스리는 신과 예수 그리스도를 통해서 사람들을 구원하고 새롭게 하는 신의 동일성을 굳건하게 했기에 매우 중요한 사안이었습니다. 경전의 두 부분을 '옛' 약속과 '새로운' 약속으로 호칭하는 것은 서로 대립하는 구원 원리를 진술한 것이 아닙니다. 오히려 이는 단일한 신의 구원 활동이 교회 안에서 완성되기까지 상이한 형태로 이스라엘 역사의 다양한 단계를 거친다고 보았던 초대 교회의 확신을 나타냅니다(예레미야 31:31; 고린도후서 3:15-16). 초대 교회는 마르키온과 반대로, 이스라엘과 교회가 근본적으로 연속적임을 확언했습니다. 더욱이, 창조자와 구속자의 동일성은 창조가 기본적으로는 선하다는 정통 신학의 확언을 수반합니다(창세기 1:31). 따라서 물질은 악이 아니며, 육체는 죄의 원천이 아닙니다. 육체와 물질이 악하다고 거부한 영지주의와 대조되는 부분이죠.

여기서 가장 중요한 확언은 신이 세상을 '무로부터' 창조했다 *creatio ex nihilo*는 그리스도교 교리입니다. 이는 선재하는 혼돈이나 질료가 없었음을 의미합니다. 즉 (플라톤주의 같은 이원론적 견해처럼) 신이 어떤 선재하는 혼돈이나 질료에 질서를 부과함으로써 세상을

---

4   Irenaeus, "The Refutation and Overthrow of the Knowledge Falsely So Called," in Richardson, *Early Christian Fathers*, 358-397.

창조한 게 아니라는 것이죠. 신이 세상의 '재료'나 질료도 창조했다는 것입니다. 신은 세상이 그에게 의존하지만 자신은 세상에 어떤 식으로도 의존하지 않는 단 하나의 형이상학적 궁극자입니다. 이 교리는 또한 플라톤의 견해와는 다르게 사물의 형상 내지 이데아가 신의 외부에 있지 않음을 함의합니다. 오히려 그런 것들은 신의 마음속에 있습니다. 게다가 창조 교리는 스토아학파의 '범신론'pantheism('모든'을 의미하는 그리스어 '판'πᾶν에서 유래)과도 반대됩니다. 범신론은 신과 우주 내지 자연 전체를 동일시합니다. 이런 견해에서는 신과 세계의 필연적 차이가 보존되지 않습니다. 나중에 그리스도교 교리는 신플라톤주의와 같은 일원론적 관점과의 관계가 명확해져야 할 것입니다. 신플라톤주의는 세계가 신으로부터 "유출"되었다고 봅니다. 고전 그리스도교 교리는 신 바깥에서 신에게 저항하거나 신을 조건 짓는 것이 있다는 점을 부인한 것과 마찬가지로, 창조가 신의 본성상 필연적이라는 점도 부인합니다. 오히려 창조는 창조하고자 하는 신의 자유로운 결정에 달려 있으며, 창조자에게 절대적으로 의존하는 비대칭적인 관계에 있습니다.[5] 신의 전능함을 긍정하는 것은 다음과 같은 의미가 있습니다. 즉 신은 실재하는 모든 것에 자유롭게 존재를 부여하는

---

5 다음의 통찰력 있는 연구를 보십시오. Langdon Gilkey, *Maker of Heaven and Earth: The Christian Doctrine of Creation in the Light of Modern Knowledge* (Garden City: Doubleday, 1959; reprint, Lanham: University Press of America, 1985).

궁극의 힘입니다. 사도신조는 이렇게 시작합니다. "나는 전능하사 천지를 창조하신 신 아버지를 믿습니다." 성서학자들은 창세기 1장 1절이 크레아티오 엑스 니힐로*creatio ex nihilo* 교리를 가르치고 있다고 보는 것이 적절한지에 대해 논쟁합니다. 하지만 고전 그리스도교 신학에서는 그렇게 해석했습니다(또한 마카베오하 7:28을 보십시오). 이 교리는 악의 기원에 대한 형이상학적 설명을 제공한다고 주장하지 않습니다. 왜냐하면 이 교리는 악의 원천이 인간 존재와 그 죄성*sinfulness*에 있다고 보기 때문입니다. 문제는 선한 영혼이 악한 물질세계에 갇혀 있다는 것이 아닙니다. 오히려 죄 있는 영혼은 신이 창조한 선한 물질세계와 부적절한 관계를 스스로 맺습니다. 이런 까닭에 구원은 세계로부터의 해방을 의미할 수 없습니다. 구원은 신과 올바르게 관계하는 원래의 가능성이 회복되는 것을 의미할 따름입니다.

그리스도론에서 모든 '가현설적' 경향과 단절한 것은 물질세계의 선함에 대한 이러한 기본적인 확언과 일치합니다. 예수가 실제로 한 여성에게서 태어났으며 또 인간의 유한성이라는 조건 아래 살다가 죽었고(역사적으로 인식 가능한 시간과 장소에서 처형당했다는 점을 포함하여) 몸을 가지고 부활했다는 주장은 교회에서 중요한 역할을 하게 되었습니다(갈라디아서 4:4; 빌립보서 2:9; 또한 사도신조의 반-가현설적 진술들). 육체의 부활에 대한 믿음은 구원이 육체와 별개인 영혼에 관한 것이 아님을 나타냅니다. 선재하는 영혼이 일시적으로 필멸하는 껍데기에 거주한다고 가정하는 견해들과는 다르죠. 오히려 신은 사람을 오롯하게, 몸과 영혼을 모두 갖추어서 부활시킵니다. 결국 부활에 관한 유대인의 믿음은 영혼의 불멸성에 관한 그리스의 교리와 조화를 이루게 되지만, 신이 인간 영혼을 불멸하게 창조한다는 단서와만 조화를 이룹니다. 따라서 영혼은 그 자체로 불멸성을 갖춘 것이 아닙니다.

신론의 구축

정통이 확정적인 형태를 띠기 시작하던 시기에, 그리스도인들은 비방자들에 맞서 그리스도교를 방어하기 위해 그리스 철학의 유산을 전유하고 있었습니다. 그리스도인들은 로마의 신들에게 예배하기를 거부했기 때문에 로마 제국에서 무신론자로 박해받았습니다. 그리스도교 '변증가들'(또는 호교론자들, 이를테면 165년경 죽은 순교자 유스티누스)은 아테네인들이 소크라테스를 고발한 것과 유사한 점을 빠르게 간파하였습니다. 소크라테스는 이성에 호소하여 그리스의 '미신'에 이의를 제기하면서 고발을 당했습니다. 변증가 apologist라는 이름은 어떤 견해를 조리 있게 변호한다는 의미의 그리스어 아폴로기아ἀπολογία에서 가져온 것입니다. 이는 또한 소크라테스가 아테네인들 앞에서 무신론자라는 고발에 맞서 자신을 변호하는 내용이 담긴 플라톤 대화편의 제목이기도 합니다.* 신약성서는 그리스도인들에게 "여러분 속에 있는 희망을 설명해 주길 바라는 사람에게 답변할 것(아폴로기아ἀπολογία)을 준비해 두십시오"라고 권면합니다(베드로전서 3:15). 그러므로 변증가들은 그리스도인이 덕스러운 삶의 방식을 가르치는 이성적 종교를 수용함으로써, 미신적 형태의 예배(예컨대 이교도의 희생제의) 및 신과 어울리지 않는 관념들을 거부하는 참된 철학자라고 변호합니다. 그리스도인들은 이렇게 논증적이고 수사적인 전략을 가지고 철학 전통을 자기 것으로 만들어서 이교도와 대조적으로 철학 범주들을 사용하려 했습니다. 우리가 이제 말하려고 하는 '고전' 그리스도교 신학 전통이 여기에서 시작되었습니다. 그리스도교 신학자들은 철학 개념들을 원래의 이교도적 맥락에서 들어내어, 로마인들에게 설득력 있게 복음을 표현하기 위한 도구가 되도록 알맞게 손질하였습니다. 그들은 이렇게 하여 성서적 종교와 그리스 철학의 종합을 만들었는데, 이러한 종합은 그리스도교 신학의 탁월함과 더불어 끊임없이 계속되는 여러 긴장을 설명해 줍니다.

변증가들은 철학과 복음 사이의 접점을 찾으려고 노력하면서, 필론과 같은 유대인들이 열어 놓은 길을 계속 이어갔습니다. 확실히 모든 그리스도인이 이렇게 종합을 시도하는 것을 달가워하지는 않습니다. 수많은 유대인이 유대교가 그리스 철학에 융화되는 것을 거부했던 것처럼 말이죠. 테르툴리아누스는 이렇게 물으며 반철학적 입장을 대변했습니다. "아테네가 예루살렘과 무슨 상관

●　　『소크라테스의 변명』 또는 『소크라테스의 변론』.

이 있습니까? 아카데미아와 교회에 무슨 일치가 있습니까?"[6] 고전 전통이 그 고유의 목적에 맞게 철학을 전용하려 했더라도, 테르툴리아누스가 표현했듯이 철학 사용을 주저할 만한 이유가 있었습니다. 신에 대한 헬레니즘 철학의 교리들은 성서 저자들에게 영향을 미친 것과는 매우 다른 종류의 관심과 물음에서 나온 것입니다. 성서가 묘사하는 신은 경험 관찰에 기초하여 신학적 주장을 하는 이스라엘의 지혜 전통을 제외하면, 대체로 역사 속 구원 활동에 나타난 신의 계시에 의존합니다. 반면 철학자들은 존재의 본성('형이상학')을 사색하는 과정에서 신에 관한 생각을 발전시켰습니다. 그들은 모든 생성變化의 저변에 있는 궁극적인 설명 원리를 찾고 있었습니다. 그리고 변증가들이 보기에 이스라엘의 신은 만물의 원인이나 다른 어떤 것에도 원인을 두지 않는(아리스토텔레스의 "부동의 원동자"와 같은)[7] 이러한 형이상학적 원리였습니다. 그러나 인격적인 신에 대한 성서의 계시와 형이상학의 최종 원리를 동일시할 수 있는지는 오랫동안 계속 의심받고 있는 문제입니다.[8]

6   Tertullian, "The Prescription against Heretics," in *Ante-Nicene Fathers*, ed. Alexander Roberts and James Donaldson (1885; reprint, Peabody: Hendrickson, 1994), 3:246. 「이단 반박 논설」, 『초기 라틴 신학』, 이상훈·이은혜 옮김 (서울: 두란노아카데미, 2011). 〔앞에서는 플라톤의 그리스어를 따라 '아카데메이아'로 표기했으나, 여기서는 테르툴리아누스의 라틴어를 따라 '아카데미아'로 표기합니다.〕

7   Aristotle, "Metaphysics," 12.7, in *The Basic Works of Aristotle*, ed. Richard McKeon (New York: Random House, 1941), 879-81. 『형이상학』.

철학에는 여러 다른 학파가 있지만, 헬레니즘 시대에는 모든 학파가 한 지점으로 수렴하는 경향이 있었습니다. 그 결과 대부분의 철학자는 자신들의 교리를 위한 다양한 원천을 절충하며 의존하였습니다. 그러한 철학적 혼합주의로 인해, 철학자들 사이에서 공통된 신 이해를 일반화할 수 있게 되었습니다.[9] 철학자들은 자신들의 우주론적 고찰로부터, 신은 모든 것의 기원이어야 하며, 절대적으로 단순해야 하고(부분들로 구성되지 않고), 불변하며, 무감수적impassible이고, 무시간적이어야 한다고 결론 내렸습니다. 이러한 속성들이 신의 '완전성'입니다. 또한 신플라톤주의와 같은 일부 철학자들은 신이 형언 불가능하다고 생각했습니다(마음이 개념적인 방식으로 알 수 있는 능력을 초월한다는 것입니다). 변증가들은 형이상학에서 유래한 자명한 공리로 보이는 것들을 취했고, 이러한 필터를 통해 신에 대한 성서의 확언들을 해석했습니다. 하지만 이러한 종합으로 인해, 어떻게 신이 결정하고, 심판하고, 사랑하는 자유로운 인격적 행위자일 수 있는지 이해하기 어려워졌습니다. 다시 말해, 어떻게 신이 세상과 진정으로 관계하는지를 이해

8   이 문제에 관한 탁월한 논의로는 다음을 보십시오. Paul Tillich, *Biblical Religion and the Search for Ultimate Reality* (Chicago and London: University of Chicago Press, 1955).

9   Wolfhart Pannenberg, "The Appropriation of the Philosophical Concept of God as a Dogmatic Problem of Early Christian Theology," in *Basic Questions in Theology*, trans. George H. Kehm (Philadelphia: Fortress Press, 1971), 2:119–83.

하기가 어려워졌습니다. 사실상 고전 그리스도교 전통에서 구축한 신에 대한 교리는 성서의 이러한 측면들과 실제로 어떤 긴장 상태에 있었습니다.

이러한 난점에도 불구하고, 이 업적은 교육받은 계층 사이에서 그리스도교가 인정받게 할 수 있었다는 점에서 탁월했습니다. 이러한 측면에서 특히 중요한 점은 변증가들이 **로고스**λόγος, logos라는 철학적 개념을 사용하여 예수에 관한 복음과 소크라테스에게 유래한 전통을 잇는 다리를 놓았다는 것입니다. 로고스는 '말', '생각', '이유', 이성'을 뜻합니다(우리가 사용하는 'logic'논리(학)이나 'logical'논리적 같은 단어는 로고스에서 비롯된 것입니다). 철학자들은 신이 세상에 자신을 나타내는 원리를 가리키기 위해 이 말을 사용했습니다. 인간 이성(로고스)은 실재의 이성적 구조에 참여함으로써 신적 이성(로고스)을 이해할 수 있고, 세계는 신적 이성이 표현된 것이므로 이해 가능합니다. 변증가들은 이러한 개념을 가지고, 철학자들이 어떻게 성서의 계시 없이도 신에 관한 그토록 많은 진리를 알 수 있었으며 또 어떻게 그렇게 높은 수준의 도덕률을 지닐 수 있었는지를 설명할 수 있었습니다. 그리스도인들은 또한 로고스 개념을 예수 안에서 완전히 구현된 것으로 식별했습니다. 철학자들은 비록 처음에 이스라엘이 가르쳤고 이제 교회가 가르치는 진리의 충만함을 알지 못했지만, 신적 이성으로부터 영감을 받아서 진리의 충만함을 엿볼 수 있었습니다.[10] 이런 식으로 변증가들은 철학 전통에 세례를 주었습니다. 그리스도교가 메시아에 대한 이스라엘 예언자들의 기내를 성취한 것과 마찬가지로 그리스 철학자들의 이성적인 물음에도 대답한 것이라고 주장하면서 말이죠.

---

10 "이 이성에 따라 살았던 자들은 그리스도인입니다. 심지어 그들이 신 없이 사는 자들로 불렸을지라도 말이죠. 이를테면 그리스인 중 소크라테스, 헤라클레이토스 같은 사람들이 그렇습니다." Justin Martyr, "First Apology," in Richardson, *Early Christian Fathers*, 272. 「순교자 유스티노스의 제1변증서」, 『초기 기독교 교부들』(서울: 두란노아카데미, 2011).

4
그리스도론과 삼위일체 교리

콘스탄티누스 황제가 그리스도교를 로마 제국의 공식 종교로 선언했던 324년, 그리스도교 교회의 새 시대가 시작됩니다. 그 결과 교회와 그 주변의 사회·문화적 세계의 관계는 극적으로 변했습니다. 교회는 이제 더 이상 인간 역사의 종말을 기다리며 박해받았던 묵시 종파가 아닙니다. 교회는 로마의 사회와 문화에 새로운 종교·도덕적 토대를 제시하는 강력한 제도가 되었습니다. 4세기와 5세기에 발전한 정통 교리에 대한 역사적 신조의 정의들은 단순한 신학적 의미 이상으로 중요성을 지닙니다. 제국의 정치적 결속에는 단일한 신앙 진술이 필요했고, 법적으로 강제되어야 했습니다. '그리스도교 국가'Christendom에서 이단은 사회의 종교적 기반을 약화하는 범죄로, 고발 대상이었습니다. 그럼에도 불구하고, 신조를 공식화하는 일과 관련된 신학적 쟁점들은 신앙을 명확히 표현하려는 지적인 노력에 매우 중요한 것이었으며, 실제로 그러한 것으로 여겨져야 합니다.

그리스도는 신이었나?

그리스도론 논쟁의 기본 전제는 요한복음의 프롤로그에 나오는 예수가 육신을 입은 **로고스**라는 진술입니다. 요한은 이렇게 썼습니다.

> 태초에 말씀(로고스)이 계셨다. 그 말씀은 신과 함께 계셨다. 그 말씀은 신이셨다. 그는 태초에 신과 함께 계셨다. 모든 것이 그로 말미암아 창조되었으니, 그가 없이 창조된 것은 하나도 없다. 그 말씀은 육신(사르크스 σάρξ)이 되어 우리 가운데 사셨다. 우리는 그의 영광을 보았다. 그것은 아버지께서 주신, 외아들의 영광이었다. 그는 은혜와 진리가 충만하였다(요한복음 1:1-3, 14).

말씀이라는 단어와 **아들**이라는 단어는 예수의 정체성을 나타내는 데 사용되었습니다. 그래서 그는 신의 말씀이자 신의 아들이었습니다. 그런데 325년 니케아 공의회로 이어지는 논란을 일으킨 것은 특히 로고스의 의미였습니다. 구체적으로 풀어야 할 문제는 신과 그리스도 안의 신적인 것(로고스)의 관계입니다. 요한은 말씀이 "신과 함께" 있었으며 "신이었다"라고 말했습니다. 그런데 로고스가 어떻게 신과 구별됨에도 불구하고 또한 신과 동일할 수 있습니까? 이는 표면상 다신론으로 보입니다. 하지만 정통 신앙이 2세기에 분투하며 확보했던 유일신론이라는 전제는 이러한 가능성을 차단합니다. 그렇다면 이러한 확언들을 어떻게 납득 가능하게 만들 수 있을까요?

알렉산드리아 교회의 감독 아리우스Arius, -336가 한 가지 답을 제시했습니다. 그는 로고스를 신이 세상을 창조하기 전에 만든 피조물로 생각했습니다. 신이 로고스를 만든 다음 로고스의 도움을 받아 다른 모든 만물을 창조했다는 것이죠. 아리우스는 지혜(소피아σοφία)를 신의 천지창조 조력자로 의인화한 다음과 같은 성서 본문에서 이런 아이디어를 얻었습니다.

주님께서 일을 시작하시던 그 태초에, 주님께서 모든 것을 지으시기 전에, 이미 주님께서는 나를 데리고 계셨다. 영원 전, 아득한 그 옛날, 땅도 생기기 전에, 나는 이미 세움을 받았다. 아직 깊은 바다가 생기기도 전에, 물이 가득한 샘이 생기기도 전에, 나는 이미 태어났다. 아직 산의 기초가 생기기 전에, 언덕이 생기기 전에, 나는 이미 태어났다. 주님께서 아직 땅도 들도 만들지 않으시고, 세상의 첫 흙덩이도 만들지 않으신 때이다. 주님께서 하늘을 제자리에 두시며, 깊은 바다 둘레에 경계선을 그으실 때에도, 내가 거기에 있었다. 주님께서 구름 떠도는 창공을 저 위 높이 달아매시고, 깊은 샘물을

솟구치게 하셨을 때에, 바다의 경계를 정하시고, 물이 그분의 명을
거스르지 못하게 하시고, 땅의 기초를 세우셨을 때에, 나는 그분 곁
에서 창조의 명공組工이 되어… (잠언 8:22-30).

아리우스는 잠언의 소피아와 요한복음의 로고스를 동일시했습니
다. 로고스가 '이성'을 의미하기도 한다는 점을 되새겨 보면, 요한
복음 1장 1절을 "태초에 이성이 계셨다"라고 번역할 수도 있을
것입니다. 철학자들에게 지혜란 이성적 삶을 추구하는 데 있었습
니다. 그래서 두 단어를 동일시하는 것이 자의적이지는 않습니다.
신이 세상을 창조하기 위해 사용했던 지혜는 "모든 것이 그로 말
미암아 창조되었다"라는 말에서 대명사 "그"가 가리키는 신적 이
성과 같습니다. 아리우스는 로고스가 피조물이며, 이것이 성서가
소피아에 대해 가르치는 바라고 추단했습니다.

　아리우스는 잠언 8장의 눈을 통해 요한복음 1장을 해석함으로
써, 신이 신적 존재인 것과는 달리 말씀은 신적 존재가 아니라고
결론 내렸습니다. 왜냐하면 참된 신은 오직 한 분뿐이기 때문입
니다. 말씀은 피조물입니다―물론 고귀한 피조물이죠. 신이 세상
을 창조할 때 지혜 내지 이성을 사용하셨으니까요. 그럼에도 피
조물은 피조물입니다. 말씀은 신의 천지창조 조력자라는 이 특별
한 도구적 역할 때문에, 신성을 명예 직함으로 받았습니다만, 그
렇다고 이를 형이상학적 속성으로 간주해서는 안 됩니다. 아리우
스의 입장에서, 그의 주장이 갖는 강점은 예수의 정체성을 성육

신한(육체로 구현된) 말씀으로 확언하면서도 동시에 엄밀한 유일신론을 보존했다는 데 있습니다.

알렉산드리아의 주교 아타나시오스Athanasius, 296?-373는 이 설명에 문제가 있음을 감지합니다. 아리우스의 설명대로라면 교회가 예수를 예배하는 것은 우상 숭배인 셈이죠. 그리스도인들은 부활하신 예수께 기도를 드립니다. 그리스도인들은 예수가 교회의 예배 모임 가운데 현전한다고 믿었습니다(마태복음 18:20; 28:17; 누가복음 24:29; 요한복음 20:28). 말씀 내지 신의 아들이 진정한 신이 아니라 단지 명목상으로만 신이라면, 교회의 예배는 우상 숭배, 즉 피조물을 예배한다는 혐의를 받게 됩니다. 그러나 아타나시오스가 문제를 제기한 데는 중요한 구원론적 동기도 있었습니다. 아타나시오스는 아무리 고귀하다 하더라도 피조물인 이상 동료 피조물들을 죽음에서 구원할 수 없다고 보았기 때문입니다. 그의 시대에는 이것이 근본적인 실존 문제가 되었습니다. 복음은 여기에 답을 제시해야 한다고 여겨졌습니다. 아타나시오스에 따르면, 신은 모든 피조물을 무無에서 창조했는데, 인간의 경우 이성적인 신의 형상으로 창조했습니다. 불멸성을 의도했다는 것이죠. 하지만 아담이 죄를 범했기 때문에, 그의 후손은 신의 호의를 저버린 데 대한 공정한 벌로 죽음의 지배를 받게 됩니다(무에서 만들어졌기에 그 무로 다시 돌아가는 것이죠). 말씀의 성육신은 인간 안의 신의 형상을 회복하여, 아담의 자녀들에게 불멸성을 선사했습니다(창세기 1:27, 골로새서 1:15의). 그런데 이 구원 사역을 수행하려면, 말씀은 피조물일 수 없습니다. 무에서 만들어진 피조물은 이 사역을 수행할 수 없고, 본유적으로 불멸성을 소유해야만 합니다. 그리스도께 드리는 교회의 예배는 물론, 성육신한 말씀이 인간을 필멸성에서 구한다는 구원론을 정당화하기 위해서, 아타나시오스는 자신의 로고스 이해를 발전시켰고, 이는 니케아 신조에 간직되어 있습니다.[1]

니케아의 관점에서 보면, 말씀은 피조물이 아니라 "참된 신으로부터 나신 참된 신"입니다. 이는 창조자-피조물 구분에서 신의 쪽에 로고스를 딱 잘라서 배치한 것입니다. 게다가 아버지 신과 신의 아들(말씀) 사이의 관계는 신과 세상의 관계와 같지 않다고 합니다. 즉, 피조물은 **무로부터**_ex nihilo_ '지음받은' 반면, 아들은 "지음받지 않고 나신" 분이라는 것이죠. 이 문구는 신과 그 아들의 관계는 창조자와 피조물의 관계가 아님을 명시하기 위한 것입니다. 다시 한번 핵심을 분명히 하자면, 이는 "언젠가 그가[말씀이] 존재했었다"라는 주장을 부정하는 진술입니다. 그러므로 아버지와 나신 아들의 관계는, 피조물에는 필연적으로 시작이 있다는 의미에서의 '시작'이 없는 영원한 관계입니다. 아타나시오스의 견해를 구별해 내기 위해 [니케아 신조에] 사용된 결정적인 용어는 **호모우시온**_ὁμοούσιον_입니다. 이 말은 '동일 실체의' 내지 '동일 본질의'(우시아_οὐσία: 실체, 본질_)를 뜻

---

1   "니케아 신조"라는 말은 원래의 "니케아 신조"(Creed of Nicea, 325)를 가리키기도 하고, 이후 콘스탄티노플 공의회에서 공인된 형태로 공포된 "콘스탄티노플 신조"(Constantinopolitan Creed, 381)를 가리키기도 합니다. 이 두 형태 모두 다음의 책에서 편리하게 확인할 수 있습니다. John H. Leith, _Creeds of the Church_, 3d ed. (Louisville: John Knox Press, 1982), 28-33.

합니다. 이 말은 신약성서에 나오지 않습니다만, 다음과 같이 정통 교리를 구분 짓는 내용을 담은 기술적인 형이상학 용어가 되었습니다. 즉 신의 말씀은 피조물이 아니라, 아버지 신이 신이라고 말할 때와 동일한 의미로 완전한 신입니다. 아리우스는 동의할 수 없는 내용이죠. 아타나시오스에게 말씀의 완전한 신성은 창조자와 구속자의 동일성을 담보하는 것입니다. 즉, "창조된 만물을 새롭게 하는 일은 태초에 만물을 지으신 분과 동일한 분인 말씀이 하시는 일입니다."[2] 그래서 그리스도를 신으로 예배하는 교회의 관습은 "기도의 규칙이 교리의 규칙이다"(*lex orandi, lex credendi*)라는 원리에 따라 교회의 교리에 성문화되었습니다.

아들(말씀)과 아버지의 관계가 정리되고 나서, 성령에 관한 교리 내지 '성령론'pneumatology('숨' 내지 '영'을 뜻하는 그리스어 프뉴마πνεύμα에서 유래)도 똑같이 완전하게 개발되기까지는 약간의 세월이 더 흘렀습니다. 니케아에서는 그저 "그리고 우리는 성령을 믿는다"라고만 확언하였습니다. 이는 실제 중점 관심사인 그리스도론을 먼저 고찰하고 뒤늦게 궁리한 생각이라고 할 만한 느낌을 줍니다. 하지만 아들이 아버지와 "동일 본질"이라는 점이 명확해지자, 성령도 완전한 신이며 영원히 공존하는 분이라는 이해가 결국 그에 걸맞은 자리를 갖게 되었습니다. 381년의 콘스탄티노플 신조는

2　Athanasius, *On the Incarnation*, with an Introduction by C. S. Lewis (Crestwood: St. Vladimir's Orthodox Theological Seminary, 1982), 26. 『말씀의 성육신에 관하여』, 오현미 옮김(서울: 죠이북스, 2021).

성령이 "아버지로부터 발출하셔서, 아버지와 아들과 더불어 예배와 영광을 받으십니다"라고 확정합니다. 이는 325년의 니케아 공의회 이후 콘스탄티노플 신조가 나오기까지 그사이에 성령에 대한 숙고가 보다 완전하게 발전했다는 점을 반영합니다.

어떻게 신은 셋인가?

그러나 여전히 풀리지 않은 문제가 남아 있습니다. 즉 이렇게 신의 복수성을 인정한다면 신이 한 분이라는 점이 위태로워지는 것은 아닌지가 문제입니다. 신이 한 분이라는 확언이야말로 마르키온과 영지주의자들과의 싸움에서 핵심이었는데 말이죠. 왜 도대체 신 안에서 아버지와 아들과 영을 구별할까요? 이렇게 명칭을 달리함으로써, 구원사에서 한 분의 신을 이해하는 다양한 방식을 지시한다고 단순하게 설명하는 것은 어떨까요? 이는 로고스 신학의 발전에 이의를 제기했던 "단일신론"monarchianism, 군주신론 전통 또는 "양태론"modalism 전통을 대표하는 이들이 던진 물음이었습니다. 이 사상가들은 신적 일치에 관한 확언이 신은 하나의 모나드monad 내지 모나키아 μοναρχία('단일한 원리'single principle를 의미)라는 신념을 수반한다고 주장했습니다. 즉 신은 부분으로 나뉘지 않고 절대적으로 단순하다는 것입니다. 그래서 이 하나의 신적 본질이 세 가지 활동operations 내지 '양태'modes(따라서 "양태론")로 자신을 나타낸다고 할 수 있지만, 이러한 구별이 신 존재 자체 안에 어떤 실재를 지시하는 것은 아닙니다. 이와 같이 양태론은 아버지, 아들, 영의 구별을 흐릿하게 하는 경향이 있었고, 따라서 반대자들은 이를 "성부수난설"patripassianism(즉, 아버지 신이 수난을 겪는다는 교리)이라고 비난했습니다. 즉 이런 식의 주장입니다. (1) 신은 한 분이고 (2) 그리스도는 성육신한 신이기 때문에, 이는 (3) 신이 성육신하신 동안 고난을 겪었다는 주장으로 이어집니다. 이러한 견해는 또한 "사벨리우스주의"Sabellianism로도 불립니다. 3세기에 이 교리를 가장 잘 설명한 사벨리우스Sabellius의 이름을 딴 것이죠. 사벨리우스주의 또는 양태론의 관점은 유일신론을 지켜 냈지만, 그럼에도 이단으로 간주되어 거부되었습니다. 이 관점은 신 존재 안에서 실재가 삼위일체적으로 구별됨을 긍정할 수 없으며, 그뿐만 아니라 신이 변할 수 있고 감수적passible임을 함축하기 때문입니다.

성서에 나오지 않는 단어인 **삼위일체**(라틴어: 트리니타스*trinitas*)를 교회의 신학 어휘에 처음 도입한 사람은, 그리스 철학이 교회의 가르침에 영향을 미치는 것을 못 미더워했던 테르툴리아누스입니다. 그는 단일신론자들의 성부수난설을 반대했습니다. 그런데 여기에는 약간의 아이러니가 있습니다. 왜냐하면 그 자신도 스토아적 유물론에 꽤 영향을 받았고, 영을 일종의 밀도가 희박한 물질로 생각하기까지 했습니다. 게다가 신의 무감수성은 성서적 유산보다 신에 대한 그리스 철학의 가정들에 더 빚지고 있는 개념입니다.[3] 그럼에도 불구하고, 그는 단일신론에 반대하면서 인격들persons

의 실제 차이를 표현해 보려고 했습니다. 그는 나중의 교리적 발전보다 앞질러서, 신은 세 인격*personae*의 관계로 된 하나의 실체*substantia*라고 확언했습니다. 당시 **인격**이라는 용어는 오늘날 우리가 생각하는 독립적인 자기-의식의 중심이라는 관념을 뜻하지 않았습니다. 테르툴리아누스는 이 단어를 연극에서 빌려온 것입니다. 이 단어는 연극에서 배우가 특정 인물*character*을 연기하려고 착용하는 마스크를 가리키는 말이었습니다. 이런 이미지는 배우 한 명이 여러 역할을 맡을 수 있음을 내비칩니다. 테르툴리아누스가 보기에, 신은 역사적 세대*dispensation* 내지 구원의 '경륜'*economy*에서 자신을 세 가지 다른 역할로 계시했습니다. 이를 "경륜적" 삼위일체라 부릅니다. 어떤 의미에서 이런 견해는 어떤 특정한 형태의 양태론과 별로 다르지 않습니다. 하지만 사실 테르툴리아누스는 서로에 대한 '타자성'을 통해 세 인격의 어떤 실제적인 독립성을 나타낼 의도로 구상한 것이었습니다.[4] 인격들은 '단계'*grade* 또는 '국면'*aspect*에 따라 구별됩니다. 그렇다면 성부가 그리스도 안에서 수난을 당했다거

---

3 야로슬라브 펠리칸(Jaroslav Pelikan)은 다음과 같이 지적합니다: "그리스도교 신학자들이 성서의 지지나 신학적 증거를 많이 제시하려고 노력하지 않은 채, 관습적으로 신의 무감수성을 공리로 설정한다는 점은 매우 중요하다. *The Emergence of the Catholic Tradition (100-600)*, vol. 1 of *The Christian Tradition: A History of the Development of Doctrine* (Chicago and London: University of Chicago Press, 1971), 52.

4 J. N. D. Kelly, *Early Christian Doctrines*, revised ed. (San Francisco: Harper and Row, 1978), 115. 『고대 기독교 교리사』, 박희석 옮김(고양: 크리스찬다이제스트, 2004).

나 성육신했다고 말하는 것을 틀린 것입니다. 그럼에도 불구하고, 실제로 셋으로 구별되면서도 셋 모두 단일한 신적 힘의 표현이라고 확언함으로써 신적 일치가 보존됩니다. 테르툴리아누스가 이 용어를 도입한 것은 정통 삼위일체 교리가 완전히 발전하는 방향으로 나아가는 중요한 걸음이었습니다.

양태론이 신적 일치를 보존하는 데 관심을 쏟으면서 세 인격을 감추어 버리는 것 같았다면, 서로에 대한 관계 속에서 인격들의 구별된 실재를 강조할 때는 반대 극단을 피해야 했습니다. 서방 전통 내지 라틴 전통이 일신론적 관점으로 가는 경향이 있는 반면, 동방 전통 내지 그리스 전통은 세 인격의 독립적 본체subsistence를 강조하면서 삼신론tritheism의 방향으로 기울었습니다. 서방은 신의 하나됨에서 고찰을 시작했고, 거기서부터 세 인격 사이의 실제 구별을 긍정하는 난제로 넘어갔습니다. 반면 동방은 아버지, 아들, 성령이라는 독립된 실재에서 고찰을 시작했고, 그런 다음 신의 일치를 긍정하려는 시도 중에 동방 특유의 어려움을 발견하였습니다. 교회는 이런 양극단 속에서 삼위일체론의 중도를 찾아야 했습니다.

3세기 신학자 오리게네스는 그리스 신학의 딜레마를 잘 나타냅니다. 플라톤 사상에 큰 영향을 받았던 오리게네스는 신들의 위계라는 종속적 모델을 본떠서 신의 복수성을 구상하는 고찰 방식을 개발했습니다. 그의 체계에서는 오직 성부 신만이 가장 엄밀한 의미에서의 신(아우토데오스αὐτόθεος)입니다. 성부만이 나지 않은 분이기 때문입니다. 성자는 비록 피조물은 아니지만, 나신begotten 분이므로, "이차적인 신"(듀테로스 데오스δεύτερος θεός)입니다.[5] 아들은 아버지와 자신이 창조한 영적 존재들의 영역을 중재합니다. 그렇게 함으로써 신의 일치('일자')와 자신과 영원히 함께하도록 지은 다수의 영혼('다자') 사이에서 다리 역할을 합니다. 성령은 아버지가 자신의 아들을 통해 낳은 가장 높은 존재입니다. 따라서 세 분의 영원한 신적 인격들(휘포스타세이스ὑποστάσεις)이 있습니다. 원래 휘포스타시스ὑπόστασις와 우시아οὐσία는 동의어입니다. 둘 다 '본질' 혹은 '존재'를 가리키는 말입니다. 하지만 오리게네스는 전자를 개별 본체subsistence 내지 실재existence를 함축하는 방식으로 사용했습니다. 오리게네스는 세 인격이 존재(우시아)에 있어 하나가 아니라, 사랑 안에서 연합함으로써만 하나라고 생각했습니다. 그래서 오리게네스는 영원히 공존하지만 그럼에도 서로에 대해 위계적 관계에 있는 신적 존재의 삼위 구조를 가르쳤습니다. 아버지는 신적 존재의 원천 내지 본원이며, 아들과 영은 서열과 위엄에 있어 아버지에게 종속됩니다. 하지만 오리게네스는 인격들 사이의 관계가 영원하며 단순히 계시의 경륜에 나타난 것이 아님을 제안했다는 점에서 중요한 기여를 했습니다. 이로써 "내재적 삼위일체"immanent Trinity라고 불리는 것을 확언하는 데 중요한 발걸음이 내디뎌졌습니다.

삼위일체론 문제는 4세기에 카파도키아갑바도기아 사람들(바실리오스Basil, 나지안조스의 그레고리오스Gregory of Nazianzus, 니사의 그레고리오스Gregory

---

5   J. N. D. Kelly, *Early Christian Doctrines*, 128.

of Nyssa)에 의해 온전히 해결되었습니다. 이들은 세 인격이 하나의 신적 본성(우시아)을 동등하게 공유하면서도, 영원히 구별되는 세 가지 존재 방식(휘포스타세이스)으로 존재한다고 가르쳤습니다. 이렇게 가르침으로써 세 인격 사이의 실제 차이를 양태론처럼 얼버무리고 넘어가지 않습니다. 게다가 카파도키아인들은 아버지가 아들과 성령 안에서 신성의 원천 내지 원인이라는 오리게네스의 관점을 계속 유지했음에도 불구하고, 종속론 모델과는 달리 신성의 정도에 따른 세 인격의 서열을 주장하지 않았습니다. 카파도키아인들은 이와 같이 유일신론에 대한 단일신론적 해석과 삼신론을 피하려 했습니다. 하지만 이들은 이렇게 신을 세 인격들(그리스어: 휘포스타세이스ὑποστάσεις, 라틴어: 페르소나에personae) 안의 한 본성(그리스어: 우시아οὐσία, 라틴어: 수브스탄티아substantia)으로 고백하는 것이 유한한 인간의 마음으로는 합리적으로 파악할 수 없는 신앙의 신비임을 인식했습니다. 이들은 보편자와 그 보편자에 대한 개별적이고 구체적인 표현들이라는 유비를 사용했지만(예를 들어, 베드로와 바울은 공통적인 인간 본성을 공유하는 개별 인간들입니다), 한 분이면서 삼위일체이신 신에 관한 완전한 의미를 전달하기에는 이러한 예가 불충분함을 인정해야 했습니다. 나중에 아우구스티누스는 삼위이신 신의 형상으로 만들어진 인간의 영혼 안에서 삼위일체에 관한 유비들을 발견하고자 했습니다. 이 유비 중 하나에서, 그는 사랑이 삼위일체적 구조를 나타낸다고 주장했습니다. 즉, 사랑은 사랑하는 자, 사랑받는 자, 이들을 하나로 묶는 사랑의 힘으로 구성된다는 것이죠. 그는 또 다른 유비를 시도하면서, 기억, 지성, 의지는 어떻게 신이 셋임에도 또한 하나일 수 있는지를 설명해 준다고 말했습니다.[6] 이런 생각들을 지지한 사람들은 이 예들이 아무리 이해를 도와주더라도, 이 같은 유비에 한계가 있음을 인식했고, 결국 인간의 말과 생각이 신적 본질의 성격을 포착하기에는 불충분함을 고백해야만 했습니다. 니사의 그레고리오스가 말했듯이, "성서의 제안을 따라 우리는 신의 본성을 이름할 수도, 형언할 수도 없음을 배웠습니다."[7] 그럼에도 이들의 의도는 신 자체로부터의*a se* 실재 내지 신적 '자존성'에 관하여 존재론적 또는 형이상학적으로 확언하는 것이었습니다(내재적 삼위일체). 단순히 그것이 구원의 역사적 세대 안에서 우리에게 어떻게 나타나는지(경륜적 삼위일체)를 서술하려는 것이 아니었습니다. 카파도키아인들의 공식은 381년 콘스탄티노플 공의회에서 정통 신앙으로 받아들여졌고, 그렇게 삼위일체 논쟁은 사실상 마침표를 찍었습니다.

---

6   Augustine, "The Trinity," in *Augustine: Later Works*, ed. John Burnaby, Library of Christian Classics: Ichthus Edition (Philadelphia: Westminster Press, 1955), 54-55, 88. 『삼위일체론』, 성염 옮김(칠곡: 분도출판사, 2015).

7   Gregory of Nyssa, "Concerning What We Should Think of Saying That There Are Not Three Gods to Ablabius," in *The Trinitarian Controversy*, ed. and trans. William G. Rusch (Philadelphia: Fortress Press, 1980), 152. 「아블라비우스에게 쓴 답신: 우리는 세 하나님이 계시다고 말할 생각을 하지 말아야 한다」, 『후기 교부들의 기독론』, 염창선·임승안·원성현 옮김(서울: 두란노아카데미, 2011).

정통적 입장

교회는 신에 관한 삼위일체 교리를 해결하려고 하면서 동시에, 그리스도론 교리를 훨씬 정확하게 정형화하는 데 몰두했습니다. 니케아 신경―콘스탄티노플에서 재확인된―은 성부의 신성과 그리스도 안의 신적인 것의 관계를 호모우시온ὁμοούσιον('동일 본질의') 이라는 공식으로 명확히 했지만, 그리스도 안의 완전히 신적인 말씀 내지 로고스와 예수의 인성의 관계는 여전히 불분명하게 남아 있었습니다. 핵심 문제는 이렇습니다―예수 그리스도를 '성육신하신 말씀'으로 확언한다는 것은 예수가 진짜 인간의 몸을 지녔을 뿐 아니라 진짜 인간의 마음을 지녔다는 의미인가? 아타나시오스는 그리스도 안의 신적인 것의 본성을 명확히 했지만, 이 구원자의 인성의 본성은 애매하게 남겨 두었습니다. 요한은 "말씀(로고스)이 육신(사르크스)이 되었다"라고 말했습니다. 예수의 물리적인 몸의 진정한 실재는 영지주의자들의 가현설 그리스도론에 맞서 논쟁을 시작한 이후 계속 정통 신학에서 중요한 것이었습니다. 아타나시오스는 사르크스가 예수 안의 신적 마음과 더불어 인간의 마음도 포함하고 있다는 점을 결코 부인한 적이 없지만, 그렇다고 긍정한 적도 없습니다. 이 문제는 많은 논쟁이 오간 끝에 결국 451년 칼케돈 공의회에서 해결되었습니다. 칼케돈 공의회는 예수 그리스도가 신적 본성에 있어 아버지 신과 호모우시온일 뿐만 아니라, 인간 본성에 있어 우리와도 호모우시온임(즉,

그는 진짜 인간의 몸과 진짜 인간의 마음을 모두 지녔다는 것입니다)을 확언했습니다. 단 한 가지 우리의 인성과 다른 점은 그에게 죄가 없었다는 것입니다(히브리서 4:15ᵇ). 이 오랜 발전 과정은 다음과 같은 정통 그리스도교 신앙의 이중 확언으로 완결되었습니다. (1) 신은 한 본성 안의 세 인격이며 (2) 삼위일체의 두 번째 인격(말씀 내지 신의 아들)은 완전한 신이면서 동시에 완전한 사람이다. 삼위일체 교리와 그리스도론은 이와 같이 본질의 일치를 형성합니다. 이 쌍둥이 교리는 동방 정교회, 로마 가톨릭, 주류 개신교에서 계속 교리적 토대 역할을 하고 있습니다.

삼위일체의 모든 인격이 완전한 신이기 때문에, 마치 신성이 어떻게든 정도의 차이가 있다는 식으로 인격들 관계에서 다른 인격에 종속되는 위계는 없습니다. 따라서 신을 신으로 서술하는 것은 무엇이든지 세 인격 모두에게 동일하게 귀속됩니다. 신이 창조자이기 때문에, 따라서 '창조되지 않은'이란 서술은 단지 성부에게만 적용되는 것이 아니라, 삼위일체 전체에 동일하게 적용됩니다. 하지만 어떤 속성이 오직 한 분에게만 적합할 때 구별이 발생합니다. '나시지 않은'이라는 술어는 아버지이신 신에게 적용되지만, 아버지에게서 '나신' 아들을 두고는 저 술어를 말할 수 없습니다. 반대로, 아버지에 대해서는 '나신'이란 말을 쓸 수가 없습니다.[8]

---

8 "따라서 당신은 '나지 않은 분'과 '신'이 같은 말이 아님을 배워야 합니다." Gregory of Nazianzus, "Third Theological Oration concerning the Son," in *The Trinitarian Controversy*, 139.

'발출'procession(또는 '숨을 내쉼'spiration)은 성령에 적합한 기술 용어이며, 아버지와 아들에게는 적합하지 않습니다. 그러나 세 번째 인격과 나머지 두 인격의 정확한 관계를 두고 논쟁이 일어났습니다.

라틴어판 니케아-콘스탄티노플 신조는 6세기에, 성령의 발출을 기술하기 위해 "-와 아들"(필리오케 *filioque*)이라는 문구를 삽입하면서 개정되었습니다. 이는 동방과 서방 사이에 벌어진 논쟁의 씨가 되었습니다. 서방의 신조에는 성령이 "아버지와 아들로부터 발출"한다고 진술되어 있는 반면, 보다 원래의 형태인 동방의 신조는 단지 성령이 "아버지로부터 발출"한다고 말합니다. 필리오케 항목을 반대하는 사람들은 그것이 근본적으로 결함이 있는 삼위일체 이해를 나타낸다고 주장했습니다. 왜냐하면 성령론이 그리스도론에 완전히 종속되면서 성령의 독특한 온전성이 위협받았고, 이에 따라 가르친 교리는 실제로 이위일체였기 때문입니다. 게다가 이는 성령의 신적 원천이 두 가지로 있어서, 아들과 성령 안에서 신성의 본원이라는 아버지 특유의 지위를 위태롭게 한다는 의미를 내포합니다. 서방이 신조에 내용을 덧붙이는 일을 찬성하는 이들은 필리오케 문구가 아버지와 아들의 불가분한 관계를 적절하게 주장하기에, 아버지의 아들이신 예수 그리스도를 증언하지 않는 성령의 활동은 없다고 논증합니다. 따라서 이러한 강조는 성령의 이름으로 그리스도로부터 멀어지게 할 수도 있는 온갖 형태의 '광신'을 방지하려는 노력입니다.[9] 필리오케를 놓고 벌어진 동방과 서방 사이의 이러한 불일치는 아직 해결되지 않았으며, 에큐메니컬 논의에서 주요 쟁점의 하나로 남아 있습니다.

그리스도교 역사에서는 줄곧 삼위일체 교리가 그 역사적 발전을 고려할 때 타당한지 여부에 관하여 의견이 분분했습니다. 고대 이스라엘 유산이 낳은 또 다른 유일신론 전통인 유대교와 이슬람교는 삼위일체론과 삼신론을 동일시해 왔고, 따라서 그리스도인들이 유일신 신앙을 부정한다고 비난했습니다. 이는 그리스-로마의 다신론을 배경으로 자기 신학을 정립해야 했던 정통 신학이 의도한 바가 분명 아닙니다. 하지만 그리스도인들은 한 분이신 신이 그리스도 안에서 성육신했다는 확신을 표현해 내려고 노력하면서 어려운 문제에 직면하게 되었습니다. 그래서 우리는 여전히 열려 있는 세 가지 쟁점으로 물음을 던지면서 이 장을 마무리하려 합니다. 첫째, 그리스도교의 삼위일체 교리는 유일신론의 한 형태인가요, 다신론(삼신론)의 한 형태인가요, 아니면 유일신론과 다신론의 이분법을 초월한 다른 어떤 것인가요? 둘째, 그리스철학은 이 교리의 발전에 어떤 역할을 했으며, 또한 이러한 점을 어떻게 평가해야 할까요? 셋째, 우리가 현재 알고 있는 삼위일체 교리는 로고스의 의미를 둘러싼 그리스도론 논쟁에서 어떤 상관요소나 부산물로 나타난 것일까요, 그리고 만약 그리스도론을 고찰하는 다른 어떤 방식이 규범이 되었다면 삼위일체론은 신에 관

---

9 Christopher Morse, *Not Every Spirit: A Dogmatics of Christian Disbelief* (Valley Forge: Trinity International, 1994), 174-176, 184-189.

한 신학적 교리로 발전했을까요? 여기서 이 물음들에 답할 수 없습니다만, 어쨌든 이 물음들은 이 교리의 지위에 관한 미래의 논쟁을 암시하고 있습니다.

5

중세

아우구스티누스Augustine, 354-430는 고대 유럽 세계와 476년 로마 제국
이 무너진 후 발전한 중세 유럽 문명을 연결하는 인물입니다. 그
는 "여러 번 회심한 사람"으로 불립니다. 초기에 그는 자기 어머
니가 믿은 그리스도교 신앙을 거부하고, 진리를 추구하기 위해
철학에 전념했습니다. 그는 이내 마니교에 심취하게 되었습니다.
마니교는 영지주의와 매우 비슷한 페르시아에서 시작된 이원론
적 종교입니다. 그가 보기에 마니교는 세상에 존재하는 악을 합
리적으로 설명해 주는 것 같았습니다. 그러나 집요하게 물음을
던지다 보니, 마니교 신학이 생각했던 것만큼 합리적이지 않다는
결론에 이르면서 마니교에 환멸을 느꼈습니다. 그래서 젊은 아우
구스티누스는 한동안 아카데메이아학파 회의주의academic skepticism에
빠졌습니다. 이 회의론자들에 따르면, 소크라테스는 마음을 확신

으로 이끄는 방식으로 철학을 가르치지 않았습니다. 오히려 소크라테스의 목적은 지식으로 일컬어지는 모든 주장의 불확실성을 입증하는 것이었으며, 따라서 현명한 사람의 마음에 무엇이 실재이며 참인지를 세심히 고찰한 불가지론을 심어 주는 것이었습니다. 하지만 회의주의는 오랜 기간 지지하기에는 어려운 마음가짐입니다. 아우구스티누스는 회의주의에 만족한 채 살아갈 수 없었습니다. 밀라노의 주교 암브로시우스Ambrose, 340-397는 아우구스티누스에게 신플라톤주의neo-Platonism를 소개해 주었습니다. 이는 플로티노스Plotinus, 205-270가 착수하여 플라톤주의의 주제들을 신비주의적으로 발전시킨 것입니다. 아우구스티누스의 극적인 마음의 회심은 그가 신플라톤주의를 받아들인 다음 지적으로 준비되었습니다. 그리고 그가 원래 거부했었던 공교회의 신앙으로 되돌아갔습니다.

아우구스티누스의 신

아우구스티누스는 자기-인식을 통해 신에 대한 인식을 발견 수 있다는 논거를 펼쳤습니다. 플라톤과 마찬가지로, 그는 진리가 감각을 통해 후험적으로a posteriori 알려질 수 없다고 생각했습니다. 진리는 내면을 봄으로써만 알 수 있습니다. 아우구스티누스에게 자기-인식은 순전히 주관적인 것이 아닌데, 왜냐하면 영혼의 심연에서 신을 만나기 때문입니다. 그래서 그는 영혼과 신만 알고 싶다고 말했습니다. 신을 앎으로써 진리를 알고, 그 진리를 통해 다른 사물들을 알 수 있습니다. 하지만 아우구스티누스는 우리의 지식이, 선재하는 영혼이 육신을 취하기 전에 알고 있었던 것을 상기한 결과라는 플라톤의 생각에서 벗어났습니다. 아우구스티누스는 이런 견해를 거부했는데, 왜냐하면 선재하는 영혼이란 없으며 지식은 신이 마음을 내적으로 조명한 것으로 설명되어야 하기 때문입니다. 회의주의는 회의주의 자체로 반박됩니다. 즉, 진리가 없다고 주장하는 회의주의자조차 최소한 진리가 없다는 주장만큼은 진리로 믿고 있습니다. 내가 만약 틀렸음을 인정한다면, 나는 나 자신이 존재한다는 진리─내가 틀리려면 존재해야 하기 때문에─와 진리 자체의 실재를 인정하는 것입니다.[1] 이렇게 아우구스티누스는 인식하고 있는 주체에 대한 성찰을 통해 진리를 근거를 마련함으로써, 인식론적 확실성의 토대를 세운 데카르트의 공식, "나는 생각한다. 그러므로 존재한다"를 선취했습니다.

신플라톤주의는 아우구스티누스가 마니교의 이원론에 맞서서 신의 창조 세계가 선함을 옹호하는 데 도움을 주었습니다. 플로티노스는 만물("다자")이 단일한 궁극 원리("일자")의 유출이며, 이 원리로부터 만물이 흘러나와서 다시 이 원리에게 되돌아가게 된다고 가르쳤습니다. 서로 충돌하는 두 가지 원리, 이를테면 물질

---

1 Augustine, "The Soliloquies," in *Augustine: Earlier Writings*, trans. John H. S. Burleigh, Library of Christian Classics (Philadelphia: Westminster, 1953), 17-18, 23-63. 『독백』, 성염 옮김(서울: 분도출판사, 2018).

과 영을 실재에 상정하는 이원론과는 달리, 이 일원론은 모든 것이 공통의 근원을 갖는다고 가르칩니다. 그렇지만 어떤 사물은 다른 사물보다 근원에 더 가깝습니다. 가령 호수에 돌멩이를 던졌다고 상상해 봅시다. 돌멩이가 물을 때린 접촉점에서부터 동심원이 점점 멀어지면서 파고가 약해집니다. 만물이 똑같이 동일한 존재와 선함의 원천에서 흘러나오지만, 물질적인 것은 지적이고 영적인 실재보다 원천에서 더 멀리 떨어져 있습니다. 따라서 지적이고 영적인 것이 원천과 더 유사합니다. 이는 사물이 존재의 사다리ladder of being에서 더 높은 곳에 있을 수도 있고 낮은 곳에 있을 수도 있다는 위계적 개념입니다. 낮은 곳에 있는 사물은 일자에게로 되돌아가기 위해서 더 높은 곳에 있는 사물을 올려다보아야 합니다.

고대인 중 다수는 영혼과 신을 물질적인 것으로 보았는데,[2] 아우구스티누스는 신플라톤주의로부터 물질적 실체가 아니라 영적 실체로 영혼과 신을 생각하는 법을 배웠습니다. 영혼은 행복을 원하는 자연스러운 욕망이 있습니다. 신 혹은 영적인 실재가 되는 것은 영혼이 행복할 수 있는 궁극적 목표입니다. "우리의 마음은 당신(신) 안에서 안식을 발견하기까지 쉴 수 없습니다."[3] 악은 물

---

2 Peter Brown, *Augustine of Hippo* (Berkeley and Los Angeles: University of California Press, 1969), 85. 『아우구스티누스: 격변의 시대, 영혼의 치유와 참된 행복을 찾아 나선 영원한 구도자』 2판, 정기문 옮김(서울: 새물결 출판사, 2012).

3 *Confessions*, 1.1.

질적인 몸과 몸의 욕정에서 기인한 것이 아닙니다. 악은 죄의 결과입니다. 악은 영혼 안의 무질서함이며, 무질서한 욕망 내지 사랑의 방향입니다. 인간 실존의 이상은—예수가 율법을 요약하면서 가르쳤듯이—사랑 내지 카리타스*caritas*(그리스어 아가페*ἀγάπη*를 번역한 라틴어)입니다. 올바른 질서가 있는 신과 신의 세계에 대한 사랑은 창조 세계의 일부인 우리 자신에 대한 사랑을 포함합니다. 아우구스티누스가 말하는 이상은 신을 사랑하면서 세상을 경멸하는 것이 아님을 주목해야 합니다! 하지만 이는 신께 적합한 사랑과 세상에 적합한 사랑이 다른 형태임을 의미합니다. 우리는 향유의 사랑으로 신을 사랑해야 합니다(신 자체를 목적으로 하는 사랑). 그리고 사용의 사랑으로 세상을 사랑해야 합니다(신을 사랑하기 위한 수단으로서의 사랑). 죄는 사랑의 적절한 순서를 뒤바꾸는 영혼 안의 병입니다. 그래서 죄에 물든 영혼은 사용의 사랑으로 신을 사랑하고, 향유의 사랑으로 세상을 사랑합니다(쿠피디타스*cupiditas*: 정욕).[4] 따라서 창조주에게만 적합한 식의 사랑으로 세상을 사랑하고 있는 것입니다. 카리타스는 영혼을 신에게로 끌어 올리지만, 쿠피디타스는 영혼이 신에게서 멀어지게 합니다. 아우구스티누스는 사랑 범주를 사용하여 우상 숭배 문제를 정리했습니다.

아우구스티누스가 보기에 우리가 세계 및 세계의 창조자와 맺

---

4 Augustine, *On Christian Doctrine*, trans. D. W. Robertson Jr., Library of Liberal Arts (Upper Saddle River: Prentice Hall, 1958), 9-10, 30-33. 『그리스도교 교양』.

은 관계는 무질서했지만, 그럼에도 흔히 말하는 식으로 세상이 잘못된 것은 아닙니다.[5] 게다가 악은 결코 실체가 아닙니다. 악은 어느 무언가가 아니며, 그저 아무것도 아닙니다. 마치 상한 과일 조각이 한때는 아주 맛있는 음식이었던 것처럼, 악은 본래적 선의 결핍 내지 상실입니다. 사실, 원래 싱싱한 상태가 아니었다면 변질되어 상했다고 말할 수도 없습니다. 악은 존재론적으로 선에 기생합니다. 존재하는 것은 그 자체로 선합니다. 따라서 존재하는 것은 그저 존재한다는 사실만으로 선하기 때문에(에세 콰 에세 보눔 에스트*esse qua esse bonum est*: 존재는 존재하는 한 선하다), 악한 실체라는 개념은 형용모순입니다. 부패한 선조차 그것이 조금이라도 존재하는 한 선입니다. 죄는 이성적 영혼이 자유를 오용함으로써 부패한 것입니다. 죄의 뿌리는 교만pride입니다. 우리는, 존재의 무한히 선한 원천이신 신에게 우리가 완전히 의존한다는 사실을 받아들이기를 거부합니다. 그 대신 우리는 신이 창조한 유한한 세상의 재화 속에서 궁극의 행복을 찾습니다. 이는 악을 합리적으로 설명할 수 없다는 의미입니다. 악은 비합리적으로 죄를 선택함으로써 나온 결과입니다.

신플라톤주의의 범주가 아우구스티누스에게 유용하다는 점이 드러났지만, 그럼에도 그의 생각은 분명 신플라톤주의의 유산과 어느 정도 긴장 관계에 있었습니다. 이 점은 그가 시간과 역사를

5   *Confessions*, 7.12-13, pp. 148-149.

긍정적으로 이해했다는 점에서 명백히 나타납니다. 플라톤주의 자들에게 이 생성과 시간의 세계는 영원한 존재의 영역에서 떨어져 나온 것입니다. 따라서 구속이란 시간과 변화로부터 해방되는 것입니다. 하지만 아우구스티누스는 시간적으로 존재한다는 점을 악으로 보지 않았습니다. 시간은 선합니다.

신은 영원하며, 시간의 제약을 받지 않습니다. 신은 세상을 창조하면서 시간도 창조하였습니다. 아우구스티누스는 "세계가 시간 **안에서** 창조된 것이 아니라 시간과 **함께** 창조되었다는 점은 의심할 여지가 없다"[6]라고 설명했습니다. 따라서 신에게는 시간이 존재하지 않습니다. 영원도 끝없는 지속을 의미하지 않습니다. 신이 세상을 만들기 전에 무엇을 했는지를 묻는 것은 터무니없는 일입니다! 창세기가 이야기하는 창조의 6일은 신이 일한 시간적 과정을 의미하지 않습니다. 왜냐하면 이는 신을 시간적 과정에 종속시키기 때문입니다. 그러나 우리가 영원이 의미하는 바를 이해하려고 노력하면, 그 노력은 우리의 이해 능력을 확장시킵니다. 우리가 말할 수 있는 가장 좋은 방식은, 신에게는 과거와 미래가 동시에 현전한다는 것입니다.

신은 우리의 구원을 위하여 시간을 창조했습니다. 우리는 신과 연합함으로써 영원한 행복에 이르기 위해 시간을 사용해야 합니다. 삶은 믿음, 소망, 사랑으로 사는 순례로 생각할 수 있습니다.

---

6   Augustine, *City of God*, 11.6, trans. Henry Bettenson (Harmondsworth, Eng. and New York: Penguin Books, 1972), 436. 『신국론』.

우리의 여행의 끝에서, 믿음과 소망은 사라질 것입니다. 그 끝에서 우리는 우리가 믿었고 우리가 소망했던 신을 볼 것이기 때문입니다. 그러나 사랑은 여전히 남아 있을 것입니다(고린도전서 13:13). 이는 '지복직관', 곧 얼굴과 얼굴을 마주하고 신을 보는 것입니다. 이것이 우리를 정말로 행복하게 할 것입니다(마태복음 5:8).[7] 아우구스티누스의 『고백록』은 신이 어떻게 그의 삶에서 우연적인 세세한 요소들을 통해 그의 회심이 일어나게끔 섭리로 일하셨는지를 보여 줍니다. 이렇게 시간을 통해 개인의 삶에 일어난 구체적인 사실들을 자세히 주목하는 일은 플라톤이나 플로티노스에게는 상상할 수 없는 것입니다! 역사 자체가 두 사랑 위에 세워진 두 도성에 관한 이야기입니다. 즉, 카리타스 위에 세워진 천상의 도성이 있고, 쿠피디타스 위에 세워진 지상의 도성이 있습니다.[8] 종말에 이르기까지 두 도성은 서로 끊임없는 투쟁 상태에 있을 것입니다. 아우구스티누스는 그리스의 순환적인 시간 개념을 거부했고, 시간이 신의 나라라는 목표 내지 텔로스τέλος; 목적(인)를 갖는다는 성서적 견해를 지지했습니다. 역사는 무심한 운명이나 변덕스러운 운수가 아니라, 신이 섭리로 다스리기 때문에 의미가 있습니다.

역사 안에서, 교회는 '혼재된 몸'으로 남아 있으며, 신의 나라와 완전하게 동일시되지 않습니다. 마지막 날에 신은 곡식과 가라지

---

7   *On Christian Doctrine*, 31-33.

8   *City of God*, 14.28, p. 593.

를 분리할 것입니다(마태복음 13:24-30). 그 사이 시간 속에서 우리는 성도들의 순전한 교회를 추구하지 않을 것입니다. 아우구스티누스는 도나투스주의자들의 분파주의적 교회론을 거부하고 죄인들을 포괄하는 교회를 지지했습니다. 교회는 영혼이 아파서 치료가 필요한 사람들을 위한 병원입니다. 교회는 건강한 사람들과 아픈 데 없는 사람들이 자신의 덕을 훈련하는 체육관이 아닙니다. 아우구스티누스는 은혜를 성사적 '은혜의 수단'을 통해서 죄라는 질병을 치료하는 초자연적인 힘으로 보았습니다. 영적인 약처럼 본 것이죠. 성직자는 도덕적 의미나 영적 의미에서 성직자 자신의 주관적인 가치와는 아주 별개로, 성사들을 통해서 은혜를 베푸는 의사요, 그리스도의 대리자입니다. 따라서 성사들은 사효적으로ex opere operato: 엑스 오페레 오페라토(수행된 성사 자체로 인해) '객관적인' 효력을 지닙니다.

아우구스티누스가 플라톤주의에서 벗어났음을 보여 주는 또 다른 부분은 그가 마음이나 의지를 강조한 점입니다. 철학자들이 요구하는 지적인 회심과는 달리, 아우구스티누스는 참된 회심이 욕망의 재정렬을 통해 마음에서 일어난다고 생각했습니다. 그리고 마음 자체가 죄로 인해 부패했음에 관하여 말했던 인생의 후기에는 플라톤주의에서 훨씬 멀어졌습니다. 지식인도 마음이 사랑하고 갈망하는 것들로부터 자유롭지 못합니다. 만일 우리의 마음이 부패했다면, 우리의 정신은 무질서한 애착에 뿌리를 둔 편견을 통해 세계를 해석할 것입니다. 인간 실존과 죄로 인한 타락의 깊이에 관한 이러한 견해는 "선을 아는 것이 선을 행하는 것"이라고 가르치는 플라톤의 이성주의와 중요한 차이가 발생했음을 보여 줍니다. 그래서 우리가 선을 행하려면 신의 은총이 필요하고, 따라서 신앙은 지식보다 더 중요해집니다. 이런 점에서 아우구스티누스의 신학은 바울의 편지들과의 새로운 관계를 반영하고 있습니다. 요한의 로고스 그리스도론이 교부 신학의 형성 조건을 마련했던 것처럼, 바울이 신앙, 은혜, 선택의 의미와 씨름한 내용은 서방 라틴 신학의 틀을 제공했습니다. 아우구스티누스는 다루기 힘든 의지를 놓고 씨름했던 자신의 모습을 바울에게서 발견했습니다(로마서 7:15-24). 그는 바울의 주제들을 발전시켰기에 독토르 그라티에*doctor gratiae*(은혜의 박사)라는 호칭을 얻었습니다.

아우구스티누스는 마니교도들에 맞서 인간의 자유의지를 옹호했습니다. 그러나 펠라기우스 Pelagius, -419? 와의 논쟁에서는 인간의 의지가 악의 노예이며 따라서 자유를 결핍하고 있다고 주장하면서 자신의 주장을 뒤집는듯한 모습을 보였습니다. 펠라기우스는 의지가 자유롭다고 확언했습니다. 따라서 우리는 율법을 온전히 이행하여 구원을 얻어 낼 수 있습니다. 사실 선행의 의무는 선한 것을 낼 수 있는 능력을 전제로 합니다. 나중에 칸트가 말했듯이 "해야 함은 할 수 있음을 내포합니다." 그러나 아우구스티누스는 원래 의지의 자유가 있었으나 타락 이후에는 더 이상 존재하지 않는다고 주장했습니다. 즉 타락한 상태에서 우리는 죄를 짓지 않을 능력이 없다는 것입니다(논 포세 논 페카레*non posse non peccare*). 인간 실존에 대한 아우구스티누스의 견해는 개인주의적이지 않고 역사적이며 집단적입니다. 아담이 자유를 오용함으로써 그 후손들의 인간 실존의 가능성이 달라졌습니다. 즉, 아담의 후손들은 모두 신에 대한 반란에 참여하는 실존 방식으로 살아갑니다. 우리의 의무를 온전히 이행할 자유가 우리에게 없다는 것은 은혜가 필요하다는 말입니다. 아우구스티누스에게 은혜란, 우리가 스스로 할 수 없는 일을 신이 우리를 위해 하신다는 의미입니다. 신이 우리 마음의 욕망에 새로운 방향을 열어 주심으로써 말이죠. 그는 바울을 인용합니다. "우리에게 주신 성령을 통하여, 신의 사랑을 우리 마음에 부어 주셨습니다(로마서 5:5)." 여기서 "신의 사랑"을 목적격적 속격으로 이해했습니다.* 즉, 성령의 변화시키는 활동으로 인해, 신을 **향한** 새로운 사랑이 우리의 애정의 질서에 도입된 것입니다. 아우구스티누스의 신학은 이렇게 역설을 담고 있습니다. 그는 먼저 악을 인간의 죄에서 비롯된 것으로 설명하기 위해 자유의지에 호소했고, 그럼으로써 결함이 있는 세상을 창조했다는 책임으로부터 신을 면책시켰습니다. 그런 다음 구원이 오직 은혜만의(솔라 그라티아*sola gratia*) 선물이라는 생각을 고수하기 위해 의지의 자유를 부인했습니다.

펠라기우스와의 논쟁은 인간의 자유의지뿐만 아니라 신의 정

● 헬라어 속격은 영어의 of와 쓰임이 비슷하며, 따라서 중의적인 해석이 가능합니다. 이를테면, love of God은 '신의 사랑'(주격적 속격)을 의미할 수도 있고 '신에 대한 사랑'(목적격적 속격)을 의미할 수도 있습니다.

의正義에 대해서도 심각한 쟁점을 낳았습니다. 우리에게 죄짓지 않을 자유가 없다면, 어떻게 우리에게 죄에 대한 책임이 있겠습니까? 펠라기우스와 도나투스주의자들은 모두 죄를 악덕으로, 은혜를 덕의 성장으로 이해했습니다. 그러나 아우구스티누스는 죄를 영혼의 병으로, 은혜를 신의 약으로 보았습니다. 그리고 이 문제가 매우 심각한 것이기에 매우 극약적인 처방이 요구된다고 주장했습니다. 어쨌든 아픈 사람이 건강해지겠다고 단순히 결정할 수 있는 문제가 아닙니다. 의사는 병을 약화하는 효과를 얻으려면 강력한 해독제로 작용할 수 있는 약을 처방해야 합니다. 그러면 여기서 또 다른 물음이 나옵니다. 만일 구원이 은혜만으로 되는 것이라면, 그 구원의 과정은 누가 시작한 것입니까? 비록 아픈 사람이 건강해지기로 하는 결정을 내릴 수는 없더라도, 의사를 부르는 것은 여전히 가능합니다. 우리 죄를 치유하기 위해 신의 은혜가 필요하더라도, 은혜를 받는 일은 은혜를 받기에 앞서 신의 은총을 신뢰하기로 한 우리의 결정에 달려 있지 않을까요?

펠라기우스와의 논쟁 초기에, 아우구스티누스는 이니티움 피데이*initium fidei*, 즉 신앙의 시작이 우리의 일이라고 확언했습니다.[9] 이러한 입장은 인간이 타락한 상태에서도 반응할 여지를 두고 있기에 반半펠라기우스주의*semi-Pelagianism*로 알려지게 됩니다. 하지만 그는 더 고찰하다 보니, 신앙 자체도 은혜의 선물이라는 생각에

---

9   Augustine, "The Spirit and the Letter," in *Later Works*, 193-250.

이르게 됩니다. 신이 구원의 과정을 시작한다는 이러한 믿음에는 예정설 교리가 내포되어 있습니다. 즉 누가 은혜를 받을지를 신이 '선택'한다는 것입니다. 받는 사람 쪽의 공로를 고려하지 않고 말이죠(안테 프라이비사 메리타*ante praevisa merita*). 이는 논리적으로 '이중 예정론'을 수반합니다. 신이 인류를 둘로, 즉 선택할 자와 버릴 자로 나누었다는 것이죠. 펠라기우스가 보기에 이 교리는 신의 정의를 우습게 만들고, 또한 인간이 죄로부터 돌아설 능력을 전제하고 있으며 신의 뜻이 보편적 구원을 향한다고 주장하는 성서 구절과 어긋납니다(예를 들어, 마태복음 5:48, 디모데전서 2:4). 그러나 아우구스티누스는 신의 정의는 버림받은 자들이 지옥에서 심판 받는 데서 나타나며, 신의 자비는 인류의 일부를 구원하기로 자유롭게 선택한 데서 나타난다고 확언했습니다(로마서 9:14-24). 그는 일찍이 죄를 설명하려고 인간 실존에 대한 논의에 비합리적 요소를 도입했던 것처럼, 또한 이제 자기 피조물을 자기가 기뻐하는 대로 처분하는 신의 뜻이 불가해함을 강조합니다. 아우구스티누스가 보기에, 신의 전능함은 어떤 제약에도 묶여 있지 않으며, 신의 뜻은 인간의 이성으로 이해할 수 없습니다. 역설적이게도, 이러한 은총의 일원론은 선택받은 자와 버림받은 자의 운명에서 이원론적인 결정론의 형태로 이어졌습니다.

서방에서 가톨릭 교회는 펠라기우스주의를 '행위의 의'로 단죄하였음에도, 아우구스티누스의 신학을 조건부로만 받아들였습니다. 529년 오랑주 공의회the Council of Orange는 완화된 아우구스티누스주의를 수용했습니다. 이 공의회는 단일 예정 교리를 지지하며, 아우구스티누스의 이중 예정 교리를 거부했습니다. 즉 신은 구원받을 자들에 대해서는 선택하지만, 유기된 자들이 영벌받는 것에 대해서는 그저 허용하셨다는 것입니다. 이러한 애매한 유산으로 인해, 아우구스티누스를 위대한 '은혜 교사'로 여긴 서방 전통 안에서는 더 많은 논쟁의 문이 계속 열려 있게 됩니다.

신비주의와 동방 그리스도교

아우구스티누스는 서방에서만 영향력이 있었습니다. 동방 정교회는 펠라기우스 논쟁을 거치지 않았고, 아우구스티누스를 자신들의 교회 교부 중 하나로 보지도 않았습니다. 그러나 동방에서도 신플라톤주의의 그리스도교화에 대한 관심이 있었는데, 위-디오니시오스 아레오파기테스Pseudo-Dionysius the Areopagite의 글이 인기 있었기 때문이기도 합니다. 이렇게 이름한 이유는 그가 자신을 아테네(의 아레이오스 파고스아레오바고)에서 사도 바울에 의해 회심한 자로 꾸며 설정했기 때문입니다(사도행전 17:34). 사실 그의 작품은 5세기나 6세기쯤에 쓴 것입니다. 디오니시오스는 신비신학의 아버지입니다. 신비 전통에서 신학의 목표는 영혼이 신께로 돌아갈 수 있도록, 감각과 지성으로 인식할 수 있는 사물의 세계 너머로 정신을 고양하는 것입니다.

디오니시오스는 신에 대한 우리의 언어('신의 이름들')가 모두 상징적(비문자적) 성격을 갖는다고 주장했습니다. 그는 신에 대해 말하는 방식을 긍정의 방식(긍정의 신학kataphatic theology, '확언'을 뜻하는 그리스어 카타파시스κατάφασις에서 나온 말)과 부정의 방식(부정 신학apophatic theology, '부정'을 의미하는 그리스어 아포파시스ἀπόφασις에서 나온 말)으로 구분했습니다. 신에 대한 긍정적 진술은 오해의 소지가 있는데, 예를 들어 성서가 신은 목자시다(시편 23:1) 또는 요새시다(시편 59:17) 하고 말할 때가 그렇습니다. 이런 진술들의 목적은 이것들의 비유사성으로 우리를 놀라게 하는 것입니다. 신에 대한 우리의 긍정적인 발언이 모두 실패한다는 점에 대한 인식은 부정의 길 내지 비아 네가티바via negativa로 이어집니다. 즉 신이 무엇이 아닌지를 말하는 것이죠. 신이 유한한 사유의 범주를 넘어서기 때문에, 지성은 개념적으로 신을 파악할 수 없습니다. 신은 "보이지 않을"(골로새서 1:15) 뿐만 아니라 "찾을 수도" 없고 "헤아릴 수도" 없습니다(로마서 11:33ᵇ). 우리는 긍정의 순간과 부정의 순간을 결합함으로써, 우리의 지성의 한계에 다가갈 수 있습니다. 신플라톤주의자들과 마찬가지로 디오니시오스에게 신은 '존재'라는 범주조차 넘어섭니다. 신은 존재의 원인이기 때문에, 존재하는 사물이라는 부류의 구성원일 수 없습니다. 그런 까닭에 신을 어떤 존재라고 부르거나 심지어 최고의 존재라고 말하는 것도 잘못입니다. 그런데 부정이 긍정보다 중요하더라도, 궁극적으로 분석하면 부정조차도 부적절합니다. 따라서 디오니시오스는 신이 실제로 존재와 비존재의 구분까지도 넘어서기 때문에, 신을 "초존재자"supra-existent라고 불렀습니다.[10] 그래서 우리가 도달할 수 있는 신에 대한 최고의 '지식'은 일종의 무지입니다. 이 지식은 우리가 신의 본질을 알 수 없다는 점을 인식하는 것으로 이루어집니다.

신플라톤주의의 '일자'와 그리스도교 신앙의 신을 동일시하면서 아무런 긴장도 없었던 것은 아닙니다. 정통적 신념은 신이 그리스도의 성육신 안에서 자신을 알려 왔다고 믿는 것인데, 디오니시오스의 신비신학으로 인해 나타난 문제는 이런 정통 신념과 충돌하는 것처럼 보인다는 점입니다. 게다가 성서는 신에 대해 말할 때 대체로 사람의 표현을 사용합니다. 그러나 신플라톤주의는 부정의 방법으로 그러한 사람적인 언어를 초월합니다. 또한 세계가 신으로부터의 '유출'이라고 생각하면, 창조자와 피조물이라는 범주를 사용하여 이 둘의 구분을 계속 유지할 수 있는지를 묻게 됩니다. 이러한 일원론적 형이상학은 만물이 신의 일부라는 범신론적 주장으로 이어지지 않을까요? 영혼이 속성을 초월하는 일자 안의 본원으로 돌아가는 것으로 여겨진다면, 신과의 인격적인 관계는 어떻게 될까요? 영혼은 일자에게 흡수됨으로써 그 개별성을 상실하게 될까요? 공평하게 말하자면, 종말에는 신이 "모

10　Pseudo-Dionysius, "The Divine Names," in *The Complete Works*, trans. Colm Luibheid with foreword, notes, and translation collaboration by Paul Rorem, Classics of Western Spirituality (New York: Paulist, 1987), 50. 「신의 이름들」, 『위 디오니시우스 전집』, 엄성옥 옮김(서울: 은성, 2007).

든 것 안의 모든 것"(고린도전서 15:28)[11]이리라고 확언한 사도 바울, 즉 디오니시오스가 자신의 멘토라고 여긴 이에게도 비슷한 질문이 제기될 수 있다는 점을 인정해야 합니다. 하지만 바울의 글에서 이것은 지배적인 주제가 아닙니다. 한 가지 면에서 디오니시오스는 그저 카파도키아 교부들의 신비적 영성을 분명하게 표현하고 있는 것이었습니다. 그러나 다른 면에서, 신플라톤주의적 주제를 그가 발전시킨 것은 그리스도와 교회를 통해서 신을 알 수 있다는 정통적 확언을 삼켜 버릴 만큼 위협적이었습니다.

고백자 막시모스Maximus the Confessor, 580?-662는 디오니시오스의 신플라톤주의적 신비 영성을 전유하기 위해 필요한 그리스도론적이고 삼위일체론적인 틀을 제공함으로써 정통에 디오니시오스의 유산을 남겨 두었습니다. 여기서 중요한 모티프는 '신화'deification, θέωσις라는 주제입니다. 그리스도 안에서 신이 사람이 되었듯이, 그리스도는 우리를 신적 존재로 만든다는 것이죠. 그리스도와의 성사적성례적 연합을 통해 우리는 그리스도의 신적 본성에 참여하게신적 본성을 분유하게 됩니다(베드로후서 1:3-4). 교회의 전례예전는 신과의 신비적 연합에 알맞은 장소입니다. 이러한 연합이 없었더라면, 신은 이성적 정신

11　불트만(Bultmann)에 따르면, 바울은 두 곳에서 스토아 철학적 범신론의 언어를 사용합니다. 하나는 로마서 11:36이고, 다른 하나는 고린도전서 8:4-6입니다. 불트만은 또한 이렇게 언급합니다. "비아 네가티오니스(*via negationis*; 부정의 길)로 신의 본성을 기술하는 헬레니즘적 방식은 그리스도인들의 언어가 부정접두사 알파가 붙어서 만들어진 형용사를 사용함으로써 빠르게 전용되었다." 예컨대, "보이지 않는"(로마서 1:20)이나 "썩지 않는"(로마서 1:23). *Theology of the New Testament*, 1:72.

에 알려질 수 없습니다. 신플라톤주의적 신비주의는 이같이 세례를 받았고, 중세의 영성과 신학에 결정적인 영향력을 행사하게 되었습니다.

성상Icons: 이콘은 이러한 신비신학의 표현으로 동방에서 특히 중요합니다. 하지만 성상을 사용하는 것이 우상 숭배라고 주장한 성상파괴주의자들이 있었고, 이들의 논리에 방어해야 했습니다. 위대한 동방의 교부 중 마지막 인물인 다마스쿠스의 요하네스John of Damascus, 675?-749?; 다메섹의 요한는 이콘을 비롯하여 정통 예배에서 이콘의 중요성을 정연하게 옹호했습니다. 요하네스는 설명하기를, 이콘은 그리스도의 신성을 묘사한 것이 아니라—그랬다면 우상 숭배겠지요!—다만 그리스도의 인성을 묘사한 것입니다. 하지만 그리스도의 인성의 재현을 통해 우리 마음을 고양하여 그의 신성에 대한 관조에 이르게 합니다. 게다가 성상을 거부하는 것은 물질을 멸시하는 것인데, 이는 마니교적인 태도입니다. 영적이며 보이지 않는 것은 그리스도 안에서 물질적이고 가시적인 것이 되었습니다. 요하네스는 이콘에 대한 '공경'(프로스퀴네시스προσκύνησις)과 신에 대한 '예배'(라트레이아λατρεία)를 중요하게 구분했습니다.[12] 그러니까 성상에 대한 공경이 본떠 만든 우상을 경배하지 말라고 한 성서의 금지 조항(출애굽기 20:4-5ª)을 어기는 게 아니라는 것입니다. 이렇게 그

---

12 St. John of Damascus, *On the Divine Images*, trans. David Anderson (Crestwood: St. Vladimir's Seminary Press, 1997), 19, 23-24. 『하나님의 성상에 대하여』, 전경미 옮김(서울: 키아츠, 2021).

는 전례에서 계속 성상을 사용할 자리를 마련해 두었습니다.

이성과 계시

서방에서 스콜라 신학자들이 착수한 신에 대한 지식에 접근하는 길은 신비 전통의 것과는 매우 달랐습니다. '스콜라주의'('학교'school를 뜻하는 라틴어 스콜라*schola*에서 유래)는 계시된 신앙의 내용을 해명하는 데 '변증법적' 내지 이성적 분석이라는 도구를 사용하는 방식입니다. 이러한 형태의 신학은 중세의 전성기High Middle Ages에 대학의 발전과 맞물려 등장했고, 대학에서 학문 분과(스키엔티아*scientia*)로서의 신학의 시초를 여기에서 발견할 수 있습니다. 이를 대표하는 가장 위대한 두 인물은 캔터베리의 안셀무스Anselm of Canterbury, 1033?-1109와 토마스 아퀴나스Thomas Aquinas, 1225?-1274입니다. 이 둘을 비교하는 것은 유익한데, 왜냐하면 안셀무스는 아우구스티누스의 플라톤 전통에 서 있었던 반면 토마스는 새로이 재발견된 아리스토텔레스의 철학을 전유하는 과감한 행보를 취했기 때문입니다. 아리스토텔레스의 철학은 스페인 무슬림을 통해서 서구 유럽에 소개되었습니다. 안셀무스와 토마스 둘 다 탐구했던 물음 중 하나는 이성이 계시와 별개로 신앙의 진리를 알 수 있는 범위가 어디까지인가 하는 것이었습니다. 안셀무스와 토마스는 서로 철학적 관점이 달랐기 때문에, 이 물음에 대해 대조되는 답변을 내놓았습니다.

아우구스티누스는 그리스 신학자들과는 달리 **신학**이라는 단어를 사용하지 않았습니다. 신학이라는 단어에는 신들을 다루는 철학의 한 분야라는 이교도적 함의가 있었기 때문입니다. 하지만 그는 보편 교회의 신앙 진리에 봉사하기 위해 이성을 사용할 필요가 있다고 분명하게 단언했습니다. 그는 신적 계시의 도움 없이 마음이 진리를 알 수 있는 능력에 점차 의구심을 품으면서, 탐구의 출발점으로서의 믿음—교회의 교리에 대한 지적인 동의로 이해되는—이 필요하다는 점을 점점 강조했습니다. 그는 구 라틴어 성서에서 이사야 7장 9절을 인용했습니다. "너희가 믿지 않으면 이해할 수 없을 것이다." 안셀무스는 신학에 대한 이러한 이해를 "이해를 추구하는 신앙"(피데스 콰에렌스 인텔렉툼*fides quaerens intellectum*)이라는 말로 대중화시켰고, 이는 가톨릭과 개신교에서 신학 작업에 관한 가장 영향력 있는 견해가 되었습니다. 그는 "저는 믿기 위해서 이해를 추구하는 것이 아니라, 이해하기 위해서 믿는 것입니다"(크레도 우트 인텔리감*credo ut intelligam*)[13]라고 썼습니다. 스콜라학자들은 이성이라는 도구를 사용함에 있어 어떤 식으로도 신학에 대한 이러한 이해에서 벗어나지 않았습니다. 그들에게 이성은 교리의 원천이 아니었습니다. 이성은 교리를 이해하기 위한 도구들

---

[13] Anselm, "An Address (Proslogion)," in *A Scholastic Miscellany: Anselm to Ockham*, ed. Eugene R. Fairweather, Library of Christian Classics: Ichthus Edition (Philadelphia: Westminster, 1956), 73. 『모놀로기온 & 프로슬로기온』, 박승찬 옮김(서울: 아카넷, 2002).

을 제공하는 것일 뿐이었습니다. 스콜라학자들은 교리를 성서에 신적으로 계시된 것이자 로마에서 교회의 교도권으로 권위 있게 가르쳐지는 것으로 여겼습니다. 그렇더라도 이런 변증법적 도구들을 적용함으로써 전통이 남긴 몇몇 복잡한 문제들을 해결하기를 바랐습니다.

안셀무스의 탁월한 정신을 기죽게 할 만한 신학적 문제는 없었던 모양입니다. 그는 '왜 신은 전능하면서도 어떤 일들은 못 할까요?' 하고 묻습니다. 예컨대 신은 거짓말을 할 수 없다는 것이죠. 안셀무스는 소위 거짓말할 수 있는 능력이라는 것은 거짓말하는 자가 무력하다는 증거라고 답합니다. 하지만 신이 능력이 없음으로써 할 수 있는 일이란 없습니다. 따라서 신이 거짓말할 수 없다는 점은 신이 진정으로 전능함을 확인시켜 주는 역할을 할 따름입니다. 또한 안셀무스는 '어떻게 신은 연민의 마음을 가지면서 동시에 불변할(또는 무감수적일) 수 있을까?' 하고 묻습니다. 각각은 서로 명백한 모순 관계에 있습니다. 왜냐하면 연민의 마음을 가지려면 다른 이의 고통을 느끼거나, 또는 다른 이의 고통으로 인해 마음의 변화가 일어날 수 있어야 하기 때문입니다. 안셀무스는 신은 우리의 지각을 따라 연민을 느끼지, 자신의 존재를 따라 연민을 느끼는 것이 아니라고 말함으로써 이 문제를 해결했습니다. 우리는 신이 설령 아무런 감정을 느끼지 않더라도 죄인을 구원하기 때문에 연민하는 분이라고 말합니다. 안셀무스는 '신이 정말로 공정하다면 어떻게 자비로울 수 있을까? 악인에게 관대한 것은 부당하지 않은가?' 하고 또 다른 난제를 제기합니다. 그리고 신의 선하심은 불가해한데, 여기에는 그의 정의와 자비가 포함된다고 답합니다. 선은 신을 기술하기 위한 정의보다 더 큰 범주이므로, 우리는 정의와 자비라는 속성을 신의 선함에 관한 이중적 표현으로 이해해야 합니다.[14] 안셀무스는 또한 신이 혼합적이지 않다면 어떻게 신에게 여러 속성(예컨대, 생명, 지혜, 진리, 선함, 복됨, 영원)이 있을 수 있는지를 이해하고자 했습니다. 이런 속성들은 신에게 있는 상이한 부분들을 가리킬 수 없는데, 왜냐하면 신은 절대적으로 하나이며 부분으로 이루어져 있지 않기 때문입니다. 그러므로 여러 속성은 신 전체를 부르는 다양한 이름입니다. "그러므로 생명과 지혜와 그 밖의 것은 당신의 부분이 아니라, 그 모든 것이 하나이며, 그것들 각각은 당신 전체이며 또한 나머지 모든 것입니다."[15] 안셀무스는 이와 비슷하게 신은 시간 속에도 공간 속에도 존재하지 않지만 모든 시간과 장소를 포함한다는 설명도 합니다.[16]

안셀무스는 이렇게까지 물었습니다. 전능하신 신께서 왜 성육신으로 인간 본성의 연약함을 취하셨습니까? 신은 다른 방식으로 인류를 구원할 수도 있지 않습니까? 그리고 다음과 같이 대답했습니다. 아니요, 타락이 만들어 낸 딜레마 때문에 신은 인간이 되

---

14   Anselm, "An Address," 76-81.

15   Anselm, "An Address," 86.

16   Anselm, "An Address," 86-87.

서야 했습니다. 죄는 신의 명예에 무한히 비례하는 모욕이므로, 이 빚에 대한 배상(속죄 atonement)도 무한해야 했습니다. 인간이 신에 대한 이 무한한 빚을 갚는 것이 옳고 정당하지만, 오직 신—무한한 존재—만이 갚을 수 있습니다. 그래서 빚은 졌지만 갚을 수 없는 인간을 대신하여 신의 정의의 요구를 충족시키기 위하여, 신은 인간이 될 필요가 있었습니다. 가톨릭 신앙 Catholic faith의 합리성에 대한 안셀무스의 확신은 여기서 가장 잘 표현되는데, 왜냐하면 그는 자신이—심지어 그리스도의 이름을 들어보지 못한 사람들에게까지도—다른 길로는 구원이 올 수 없었음을 입증하는 '필연적 이유들'을 제시했다고 생각했기 때문입니다.[17]

하지만 안셀무스가 남긴 가장 영향력 있는 유산은 신 존재에 대한 '존재론적 논증'입니다. 그것은 순전히 이성적인 증명인데, 왜냐하면 논증이 신 개념 자체에서 논리적으로 연역함으로써 전개되고 경험으로 매개된 어떤 지식에도 의존하지 않기 때문입니다. 안셀무스는 신을 믿는 신앙에 내재된 합리성을 이해하기 위해 탐구에 착수합니다. 그는 이 탐구를 다음과 같은 기도로 시작하는데, 이 기도는 "이해를 추구하는 신앙"이라는 아우구스티누스의 신학적 관점을 매우 잘 보여 줍니다. "오 주님, 당신께서는 신앙에 대한 이해를 주시는 분이시니 ⋯ 우리가 믿는 것처럼 당신이 존재하심을 ⋯ 제가 이해하게 해 주십시오." 그런 다음 그는

17　Anselm, "Why God Became Man," in *A Scholastic Miscellany*, 100. 『인간이 되신 하나님』, 이은재 옮김(서울: 한들출판사, 2007).

신을 "그 이상 더 큰 것을 생각해 볼 수 없는 가장 큰 존재"로 정의합니다.* 이러한 정의의 초점은 신이 존재하지 않을 가능성을 배제하는 것입니다. 그는 성서를 인용합니다. "어리석은 사람은 마음속으로 '신이 없다' 하는구나"(시편 14:1). 그런데 어리석은 사람이 일단 이 정의를 듣게 된다면 아마 신이 존재한다는 걸 부정할 수 없을 것입니다. 왜일까요? "그 이상 큰 것을 생각해 볼 수 없는 것"은 그저 마음속에(인 인텔렉투*in intellectu*)만 존재할 수 없고 반드시 실제로(인 레*in re*)도 존재해야 하기 때문입니다. 만일 신이 오직 마음속에만 존재한다면, 신보다 더 큰 존재, 즉 마음속뿐만 아니라 실제로도 존재하는 존재를 생각해 볼 수 있습니다. 하지만 신은 정의상 완벽한 존재이며 완벽하다는 것에는 존재한다는 것이 빠질 수 없으므로, 신은 '존재'를 하나의 속성으로 지니고 있어야 합니다.

수많은 철학자(예를 들어, 임마누엘 칸트)가 이 논증에 논리적 오류가 있다고 하면서 거부했습니다. 존재를 술어로 취급한 것이 논리적 오류라는 것이죠. 그러니까 신의 정의에 무언가를 추가한 것 같습니다. 하지만 또 다른 철학자들(예를 들어, 찰스 하트숀Charles Hartshorne)은 이러한 존재론적 논증 공식에는 결함이 있으나 안셀무스가 제시한 두 번째 논증 공식은 이런 비판에 취약하지 않다고 지적합니다. 두 번째 논증은 이렇습니다─신은 그 존재가 완전히 필연적인 존재로만 생각될 수 있을 뿐, 그렇지 않은 존재로는 일관성 있게 생각될 수 없다. 즉 "존재하지 않는 것으로 신을 생각할 수는 없다." 따라서 신이 존재하는지 여부를 묻는다면, 신 개념을 정확히 파악하지 못했음을 보여 주는 셈입니다. 이는 변이 네 개인 삼각형에 대해 묻는 것과 비슷할 것입니다! 이런 이유로 일단 정확한 정의를 인정한다면, 신이 존재하는지 여부를 묻는 것은 용어상 모순입니다. 어리석은 사람이 계속해서 고집스럽게 부인한다면, 자신이 그냥 어리석은 게 아니라 정말로 '어리석은 멍청이'임을 스스로 입증하는 셈입니다.[18]

안셀무스의 존재론적 논증은 그의 철학적 뿌리가 플라톤 전통에 있다는 점을 반영하고 있습니다. 하지만 토마스 아퀴나스는 아리스토텔레스주의자이기에 이러한 논증을 거부합니다. 신에 관한 자연적 지식의 문제에서 안셀무스와 토마스의 중요한 차이는 그들의 서로 다른 인식론 또는 지식 이론에 기인합니다. 안셀무스는 선험 *a priori* 지식(경험에 앞선 지식)의 가능성을 믿은 합리론자입니다. 반면 토마스는 오직 후험적 지식(경험에서 온 지식)만을 긍정하는 경험론자입니다.

● 『프로슬로기온』 2장에 나오는 문구입니다. 여기서 안셀무스가 내용상으로는 본문과 같이 신을 '정의'한다고 볼 수 있지만, 형식상으로는 '고백'의 형태로 말합니다 ("우리는 … 가장 큰 존재이심을 믿습니다").

18 "An Address (*Proslogion*)," 73–75. Cf. Immanuel Kant, *Critique of Pure Reason*, trans. Norman Kemp Smith (New York: St. Martin's, 1965), 500–507. 『순수 이성 비판』, 백종현 옮김(서울: 아카넷, 2006); 그리고 Charles Hartshorne, *Anselm's Discovery: A Re-Examination of the Ontological Proof for God's Existence* (Lasalle: Open Court, 1965).

토마스의 종합

토마스도 신이 필연적으로 존재한다는 점에서는 안셀무스와 생각을 같이합니다. 신의 본질은 존재한다는 것이지만, 다른 존재자들의 본질에는 존재가 속해 있지 않습니다. 하지만 토마스는 계시의 도움을 받지 않은 이성으로는 이를 알 수 없다고 생각했습니다. 이러한 지식은 신적으로 계시되어야 합니다. 이는 토마스가 출애굽기 3:14를 해석한 방식입니다(이 구절에서 신은 모세에게 "나는 스스로 있는 자다"I am that I am 하며 자신의 이름을 계시합니다). 안셀무스가 신을 정의상 '스스로 있는 자'He who is로 확언한 점은 맞지만, 우리는 계시의 도움을 통해서만 이를 압니다. 토마스는 자명함을 두 가지 형태로 구분합니다. 즉 "그 자체로 자명하나, 우리에게는 자명하지 않을 수 있는"[19] 명제도 있다는 것이죠. '신은 존재한다'는 진술은 그 자체로 자명한데, 왜냐하면 주어와 술어가 동일하기 때문입니다. 하지만 이것이 이성에 자명한 것은 아닙니다.

안셀무스에 대한 이러한 반대에는 토마스가 존재의 순서질서와 앎의 순서를 구분한 것이 반영되어 있습니다. 토마스에 따르면, 존재의 순서상으로는 원인이 결과보다 앞섭니다. 그러나 앎의 순서에서는 결과가 먼저 알려지고 그로부터 우리는 그 원인을 알게

---

[19] Thomas Aquinas, *Summa Theologiae*, I, q. 2, art. 1, in *Aquinas on Nature and Grace*, trans. A. M. Fairweather, Library of Christian Classics: Ichthus Edition (Philadelphia: Westminster, 1954), 51.

됩니다. 예를 들어, 달이 둥글기 때문에 월상이 나타나지만, 우리는 월상을 통해 달이 둥글다고 결론 내릴 수 있습니다. "우리는 신의 본질을 모르더라도, 우리에게 알려진 결과를 통해 이런 식으로 신의 존재를 입증할 수 있습니다."[20] 우리는 자연 이성에 기초하여 신이 존재한다는 **점**을 알 수 있으나 신이 **어떤** 존재인지는 알 수 없습니다. 신은 그가 원인이 된 결과를 통해서만 우리에게 알려질 수 있기 때문에, 신 존재에 대한—계시와 별개인—지식은 결과로부터 원인으로 거슬러 올라가서 귀납적으로만 생겨날 수 있습니다. 토마스는 신 존재를 입증하기 위한 다섯 가지 경험적—오직 이성으로만이 아닌—"길"(퀸퀘 비에*quinque viae*) 또는 논증을 약술합니다. 이 다섯 가지 길은 서로 논리적 구조가 같습니다. 각각의 길은 이 세상의 몇몇 특성('결과')을 관찰하면서 시작하고, 그로부터 신의 존재('원인')를 추론합니다. 토마스는 "모든 사람이 이 존재를 신으로 이해한다"라는 말로 각 논증을 결론짓습니다. 다시 말해, 그의 논증은 우리가 신 개념을 이해하고 사용하는 방식을 명확히 하고자 한 것입니다. 다섯 가지 길은 다음과 같습니다. (1) 운동으로부터의 논증: 모든 사물은 다른 사물에 의해 가능태에서 현실태로 움직이고, 따라서 다른 사물에 의해 움직이지 않는 완벽한 현실태인 "제일 원동자"가 있어야 한다. (2) 작용인으로부터의 논증: 모든 사물은 다른 사물이 작용한 결과이며,

---

20   Aquinas, *Summa Theologiae*, I, q. 2, art. 2, pp. 52-53.

따라서 다른 사물에 원인을 두지 않는 제일 작용인이 있어야 한다. (3) 우연성으로부터의 논증: 모든 사물은 우연적으로 존재하므로, 그 존재들의 원인인 필연적 존재가 있어야 한다. (4) 등급으로부터의 논증: 좋고 나쁘고를 판단하려면 어떤 비교의 기준을 전제해야 하므로, 선, 진리, 아름다움 등의 절대 기준이 있어야 한다. (5) 설계로부터의 논증: 지성이 없는 자연적 사물도 목표 내지 목적을 실현하려고 노력하므로, 이 사물들을 알맞은 목표로 이끄는 어떤 지적인 정신이 있어야 한다.[21]

토마스에 따르면, 자연 이성에 기반한 분야(철학)가 있듯이, 계시에 기반한 분야(신학, 혹은 그가 "거룩한 교리"라고 부른 것)가 있어야 합니다. 후자는 사람이 구원받기 위해 믿어야 하는 가톨릭 신앙의 초자연적 진리들을 가르쳐 줍니다. 이러한 진리들은 인간 이성을 초과합니다. 하지만 계시는 이성을 훼손하지 않습니다. 계시는 이성을 완전하게 합니다. 신에 대해 이성으로는 알 수 없는 부분(예를 들어, 신은 삼위일체다)을 보충해 줌으로써 말이죠. 그리고 모든 사람에게 철학적 재능이 있지는 않으므로, 자연 이성의 빛으로 알려질 수 있는 신에 대한 진리들도 계시됩니다(예를 들어, 신은 존재한다). 그래서, 계시된 진리 중 일부는 계시 없이 이성만으로도 알 수 있더라도, 신은 구원에 필요한 모든 것을 계시합니다.[22] 안

---

21   Aquinas, *Summa Theologiae*, I, q. 2, art. 3, pp. 53-56.

22   Aquinas, *Summa Theologiae*, I, q. 1, art. 1, pp. 35-37.

셸무스와 달리, 토마스는 가톨릭 신앙의 진리들이 입증 가능한 증거로 주어졌다고 생각하지 않습니다. 하지만 신앙에 대한 반대는 논박될 수 있는데, 왜냐하면 이성이 계시와 상충할 수 없기 때문입니다. 이와 같이 이성이 계시에 봉사하므로 철학은 신학에 도움을 줍니다. 토미즘Thomism의 근본 공리는 "은총은 자연을 파괴하지 않고 완성한다"입니다. 계시와 이성의 관계는 다음과 같이 인식론의 영역에서 이 공리를 잘 보여 줍니다. "그러므로 은총이 자연을 대체하지 않고 완성하므로, 자연적인 성향상 의지가 사랑의 종인 것과 같은 식으로 이성은 신앙의 종이어야 한다."[23]

은총이 자연을 완성한다는 생각은 어떤 '초자연' 개념을 전제로 합니다. 인간 존재는 자연적 목적과 초자연적 목적(목표)을 모두 지니고 있습니다. 철학자들이 가르친 가장 중요한 도덕적 덕목—정의, 절제, 용기, 지혜—은 우리의 자연적 목적과 관련됩니다. '신학적' 덕목—믿음, 희망, 사랑—은 우리의 초자연적 목적을 알려 줍니다. 이러한 차이를 고려할 때, 토마스는 자연적 상태의 인간이 선행을 할 수 있다고 확언할 수 있습니다. 하지만 중요한 덕목을 보여 주는 이런 행실들은 구원을 위한 공로가 되지 않습니다. 구원을 위해서는 신학적 덕목이 있어야 하지만, 이것은 은총 없이는 불가능합니다. 이런 식으로 은총은 자연을 초월하는 자연과 다른 무언가를 자연에 더함으로써 자연을 완성합니다.

---

23   Aquinas, *Summa Theologiae*, I, q. 1, art. 8, p. 46.

아리스토텔레스의 철학을 전유하기로 한 결정은 대담한 처신이었습니다. 그리스도교 신학자들이 좋아한 철학자는 언제나 플라톤이었습니다. 아리스토텔레스 형이상학의 범주들이 미친 영향은 토마스가 신을 "가능태가 전혀 없는 순수 행위"[24]라고 말하는 방식에서 엿볼 수 있습니다. 하지만 토마스가 단순히 아리스토텔레스에게 영향받기만 한 것은 아닙니다. 토마스는 사실 아리스토텔레스의 철학을 그리스도교의 목적에 맞게 전유하는 과정에서 그의 철학을 변형했습니다. 심지어 아우구스티누스의 신플라톤주의적 주제들이 토마스에게서 자취를 감춘 것도 아닙니다. 예를 들어, 그는 신의 본질은 존재하는 것이나 피조물은 그 존재를 분유함으로써 그 존재에 참여함으로써 존재한다는 점(이는 신플라톤주의에서 강조한 부분입니다)을 명확히 했습니다. 그런데 그는 이러한 신플라톤주의적인 아우구스티누스의 유산을 재해석하기 위해 아리스토텔레스의 범주를 이용하면서, 잠재적으로 이단적일 수 있는 일을 하고 있었습니다. 아리스토텔레스의 몇몇 견해는 가톨릭 신앙과 모순되는 입장이기 때문입니다. 아리스토텔레스는 세계가 영원하다고 가르쳤는데, 이러한 가르침은 세계가 창조되었으므로 세계에 시작이 있다는 그리스도교의 견해와 충돌합니다. 이러한 긴장을 해결한 토마스의 방식은 이성과 계시의 관계에 대한 그의

---

24 Aquinas, *Summa Theologiae*, I, q. 3, art. 2, p. 60; cf. Aristotle, "Metaphysics," 12. 7, in *The Basic Works of Aristotle*, pp. 879-881. 『형이상학』, 조대호 옮김 (서울: 길, 2017).

이해를 보여 줍니다. 토마스는 세계가 항상 존재한다고 생각하는 것이 불가능하지 않음을 인정했습니다. 하지만 그것이 사실인지는 증명되지 않았습니다. 세계에 시작이 있다는 생각은 신앙의 조항이지, 과학의 문제는 아닙니다(그 당시 과학은 그렇게 이해했습니다). 만일 세계가 항상 존재해 왔다는 것이 증명될 수 있었더라면, 토마스는 그 점이 반드시 창조 교리와 충돌한다고 생각하지 않았을 것입니다. 만일 세계가 영구히 존재한다면, 이는 오직 신의 뜻이 세계가 영원히 존재하는 것이기 때문에 그런 것입니다. 세계가 영구히 지속된다는 점과 그것이 신의 뜻에 절대적으로 의존한다는 점을 구분하는 것이 중요합니다. 신의 뜻은 존재하는 모든 것의 유일하고도 충분한 원인입니다.[25]

토마스는 신학 언어의 문제에도 주의 깊게 관여했습니다. 중세인들은 성서의 사중적 의미를 인정했는데, 토마스는 이를 둘로 나누었습니다. 하나는 문자적 또는 역사적 의미이고, 또 하나는 세 종류의 영적인 의미입니다(알레고리적풍유적 의미, 교훈적 또는 도덕적 의미, 영해적anagogical 또는 종말론적 의미). 토마스는 문자적 의미가 우선임을 강조했습니다. 그리고 다른 세 의미는 문자적 의미에 기반해야 한다고 주장했습니다. 그럼에도 불구하고 그는 성서의 문자적 의미가 때로는 은유적이라고 설명했습니다. 예를 들어, 성서가

---

25   St. Thomas Aquinas, *Summa Theologica*, I. q. 46, art. 2, translated by the Fathers of the English Dominican Province, complete English ed. in 5 vols. (Westminster, Md.: Christian Classics, 1981), 1:242-44.

야웨의 팔에 대해 말할 때가 그렇습니다. 여기서 문자적 의미는 신에게 신체 부위가 있다는 것이 아니라, 그러한 비유적 표현이 나타내는 것(즉, 생생한 힘)을 가지고 있다는 말입니다.[26]

토마스가 언어 이론에 가장 중요하게 기여한 점은 그의 유비 analogy 교리입니다. 즉, 유비가 신에 대해 말하는 적절한 방식이라는 것입니다. 부정의 방식으로는 신의 존재를 나타낼 수 없습니다. 오히려 부정의 방식은 신과 피조물의 거리를 표현합니다. 그러나 긍정적인 방식은 비록 충분하지 않더라도 실제로 신의 존재를 나타냅니다. 토마스는 유비가 나타내는 완전함들과 그것들의 의미 양태를 구분했습니다.

이러한 명칭들이 지시하는 바와 관련하여, 이러한 명칭들은 신에게 적절하게 속하고, 이것들이 피조물에 속한 것보다 더 적절하게 속하고, 우선적으로 신에게 적용된다. 그러나 이것들의 의미 양태와 관련하여, 이것들은 신에게 적절하고도 엄밀하게 적용되지 않는다. 왜냐하면 이것들의 의미 양태는 피조물에 적용되기 때문이다.[27]

유비적 언어는 일의적univocal이지도 다의적equivocal이지도 않습니다. 한편으로 신에 대한 유비적 표현은 이를 피조물에 적용할 때와

---

26   Aquinas, *Summa Theologiae*, I, q. 1, art. 10, in *Nature and Grace*, pp. 48~49.

27   Aquinas, *Summa Theologica*, I, q. 13, art. 3, p. 62.

정확히 같은 것을 의미하지 않습니다. 토마스는 이를테면 **존재** 같은 단어가 신과 피조물에 모두 적용되는 일의적 술어일 수 있다는 견해—나중에 둔스 스코투스_Duns Scotus_가 옹호한 견해—를 거부했습니다. 다른 한편으로 신의 속성들은 의미의 연속성을 완전히 잃지 않습니다. 예를 들어, 우리는 "신은 지혜롭다"라고 말하지만, 신이 수 세기 동안 경험을 통해 많은 것을 배웠다는 의미로 저 말을 하는 것은 아닙니다! 그럼에도 지혜는 어떤 탁월한 의미로 신에 대한 진정한 서술입니다. 은유와 유비의 차이는 다음과 같습니다. 전자는 주로 피조물에 해당하는 것이며 이를 통해 신 안의 비슷한 성질을 나타내는 데 사용되는 반면(예를 들어, 팔이 힘을 나타내듯이), 후자는 주로 신에게 해당하며 피조물에는 오직 부차적으로만 해당합니다(예를 들어, 존재, 선함, 지혜). 유비적 언어는 언어가 신과 피조물에게 적용될 때, 언어가 의미하는 정도에 차이가 있음을 인식하면서도 신에 대해 무언가를 긍정적으로 말할 수 있게 하는 **비아 에미넨티에**_via eminentiae_: 탁월의 길입니다.

이성과 계시의 문제에 관한 안셀무스와 토마스의 대조는, 자연 신학의 가능성을 긍정하는 신학자라면 신에 대한 자연적 지식과 관련하여 경쟁하는 인식론적 접근—합리론이냐 경험론이냐—중에서 철학적 결정을 내려야 한다는 점을 보여 줍니다. 그런 다음 신에 대한 자연적 지식과 계시된 신앙의 진리의 관계—독자적인 관계인지 아니면 중첩되는 관계인지—를 명확히 해야 합니다. 게다가 학문적 내지 학계의 신학과 신비적 내지 영적 신학의 관계를 다루어야 합니다. 토마스는 자기 삶이 끝날 무렵 신비 체험을 합니다. 이러한 상태에서 그는 신앙의 신비를 이성의 도구로 이해하려 했던 자신의 작업을 되돌아보았고, 그것이 지푸라기에 지나지 않는다고 일축했습니다. 토마스는 자신이 살았던 시대에는 논란의 도마 위에 올랐지만, 결국 로마 가톨릭의 가장 위대한 신학자로 인정받고, 후대에 "천사적 박사"*Doctor angelicus*로 알려지게 됩니다.

6
개신교 종교개혁

중세 신학과 영성은 우리가 거룩해져야 거룩한 신께 받아들여질 수 있다는 점을 전제하고 있었습니다. 우리는 믿음, 소망, 사랑 안에서 완벽하게 성화된(즉, 거룩해진) 후에야 신이 보기에 의로워집니다. 물론 우리는 성사를 통해 은혜가 주입되는 것과 별개로 공로 행위를 할 수 없습니다. 여기에서 은혜는 신이 기뻐하도록 죄인을 변화시키는 "성화의 은총"sanctifying grace(그라티아 그라툼 파치엔스 *gratia gratum faciens*)입니다. 그러나 중세 후기에는 종교적 감수성에 중요한 변화가 나타났습니다. 중세 후기의 종교적 감수성은 죄에 대한 깊은 불안과 지옥 심판에 대한 두려움을 특징으로 합니다. 이는 교회가 성사로 은혜를 매개해 줌으로써 얻는 것이 아닌, 다른 식의 구원의 확신을 탐구하게 만들었습니다.

노리치의 줄리안과 신의 선하심

노리치의 줄리안Julian of Norwich, 1342-1423?은 이러한 변화의 성격을 보여
주는 대표적 인물입니다. 줄리안은 신에 대한 직접적 경험을 추
구하는 신비주의자였습니다. 중세의 수많은 여성이 그랬듯이, 줄
리안도 자신의 신비적 비전을 이야기하고 풀어내는 글을 씀으로
써 자신의 신학적 통찰을 표현했습니다. 왜냐하면 다른 신학 문
헌 장르는 여성들이 배제된 교회와 학계의 지도적 위치에서 남성
들이 썼기 때문입니다. 중세에는 여성을 평가절하했기에, 줄리안
은 자신이 직통 계시 또는 "신의 사랑의 표시"를 받았다는 주장
이 의심받을 것이라고 예상했습니다. 따라서 그녀는 자신이 감히
가르치려는 것도 아니며("나는 무지하고 여리고 연약한 여자이기에") "거
룩한 교회의 참된 교리"에 어떤 식으로도 도전하려는 것이 아님
을 독자들에게 확신시키려 했습니다. 그럼에도 그녀는 물었습니
다. "나는 신의 선하심이 알려지는 것이 그분의 뜻임을 알았으면
서도, 내가 여자이기 때문에, 여러분께 신의 선하심에 대해 말해
서는 안 된다고 생각해야 합니까?"[1]

줄리안은 자신의 신비적 경험에 근거하여 구원은 확실하며 의
심할 게 아니라고 선언했습니다. "모두가 잘 될 것"인데, 왜냐하
면 신은 "매우 다가가기 쉽고 친숙하며 친절하시고" 그를 "신뢰

---

[1]   Julian of Norwich, *Showings*, trans. Edmund Colledge, O.S.A., and James
       Walsh, S.J., Classics of Western Spirituality (New York: Paulist, 1978), 135.

하기를 바라시기" 때문입니다.[2] 죄인은 신의 진노를 두려워할 필요가 없는데, 신은 화내실 수 없기 때문입니다. 진노는 인간의 특성으로, 힘과 지혜와 선함의 결핍에서 비롯됩니다. 이러한 결핍은 우리의 특성이지, 신의 특성이 아닙니다. 신은 심지어 우리의 죄때문에 우리를 탓하지도 않습니다. 죄는 실제로 도덕적 실패가 결코 아니라 우리의 시선을 옥죄는 것으로, 신이 우리를 얼마나 사랑하는지를 분명하게 보지 못하게 합니다. 줄리안은 주인의 일을 서둘러 하려는 하인에 관한 비유로 이러한 신학을 설명합니다. 하인은 주인의 일을 하던 중 도랑에 빠집니다. 그는 도랑에 빠져서 주인의 의향을 정확히 알지 못합니다. 주인은 사실 그를 인자하게 대하고자 하는데도, 그는 주인이 자신에게 화났다고 잘못 생각하고 있습니다. 도랑에 빠진 것은 교만의 증거가 아니라 단지 주인을 열심히 섬기려다가 일어난 사고였습니다. 이 모든 일에서 가장 큰 불행의 원인은 자신을 향한 주인의 심정을 정확히 인식하지 못하여 위안을 얻지 못한 것입니다.[3]

줄리안은 죄를 관점의 옥죄임으로 보는 견해와 짝을 이루어 구원도 관점의 문제라고 생각했습니다. 죄는 시력을 상실한 형태고, 구원은 시력을 회복하는 것입니다. 우리는 시력을 상실하여 신이 우리에게 화나 있다고 잘못 추정하고 있습니다. 우리는 새롭게 변

---

2   Julian, *Showings*, 149, 196.

3   Julian, *Showings*, 267-269.

화된 시선으로 신의 성품이 사랑과 은혜임을 올바로 지각합니다. 여기에 줄리안의 구원의 확신이 있습니다. 은혜가 죄인을 성자로 변화시킴으로써 죄인이 신께 기쁨이 되도록 만든다는 교회의 교리와는 달리, 줄리안의 관점적 접근은 이를 완전히 뒤짚어서, 이제 은혜가 죄인으로 하여금 신을 기뻐하도록 만듭니다. 구원은 우리가 심판 날에 신께 받아들여지기 위해 먼저 거룩해져야 하는 성화의 과정에 있지 않습니다. 오히려 구원은 신을 화내시는 분으로 보지 않고 사랑하시는 분으로 보는 관점의 전환에 있습니다.

줄리안은 또한 "신 안의 모성"을 관조하길 원했고, 이러한 이미지를 죄와 구원에 관한 자신의 근본 논지를 형성하는 데 사용했습니다.

무척 사랑스러운 이 단어 "어머니"는 그 자체로도 너무 달콤하고 상냥해서, 생명과 만물의 진정한 어머니이신 그분을 제외하고 그 누구에 대해서도 이 말을 진정으로 사용할 수 없다. 자연, 사랑, 지혜, 지식은 어머니성에 속한 특성이다. 그리고 이것은 신이다.[4]

어머니는 때때로 자녀가 넘어지고 괴로움을 느끼게 두어야 하지만, 이는 자녀의 이로움을 위해서입니다. 어머니는 자녀에게 닥친 어떤 진정한 해로움도 결코 편히 방관하지 못합니다. 그래서 죄

---

4   Julian, *Showings*, 298-299.

는 반드시 필요한데, "왜냐하면 우리가 넘어지지 않고서는 우리 자신이 얼마나 연약하며 저급한지 모를 것이며 창조주의 놀라운 사랑도 온전히 인식하지 못할 것이기 때문입니다."[5] 줄리안은 예수에 대해서도 "우리 어머니"라고 말했는데, 그가 우리를 새롭게 영적으로 낳았기 때문입니다.

줄리안은 이단적인 것을 가르치고자 하지 않았지만, 그녀의 신학은 사실 교회의 교리에서 벗어났는데, 은총이 성사적으로 매개되지 않은 즉각적인 구원의 확신을 제시했기 때문입니다. 그리고 다른 문제도 있었습니다. 줄리안의 비전에서는 신과 우리의 실체 사이의 아무런 차이도 볼 수 없기 때문입니다. 줄리안도 이 문제를 알고 있었고, 이 점에 관하여 이단적이고 싶지 않았기에 다음과 같이 말하였습니다. "나는 신과 우리의 실체 사이에 아무런 차이도 보지 못했다. 이를테면 모든 것이 신이다. 그러나 나는 우리의 실체가 신 안에 있다는 것, 다시 말해, 신은 신이고 우리의 실체는 신 안의 피조물임을 이해했다."[6] 신비적 연합이 창조주와 피조물 사이의 차이를 폐하는 식으로 갈 수 있기에, 신비주의는 유일신론 전통에 항상 문제가 되어 왔습니다.

5   Julian, *Showings*, 300-301.

6   Julian, *Showings*, 285.

마르틴 루터와 은혜로운 신

마르틴 루터Martin Luther, 1483-1546도 "내가 어떻게 은혜로운 신을 찾을 수 있을까?" 하고 물으며 확실성이라는 동일한 문제를 놓고 씨름했습니다. 종교개혁은 루터가 구원의 확신을 탐구하며 답을 찾다가 이르게 된 새로운 성서 해석에서 탄생했습니다. 루터에 따르면, 성서의 주요 교리는 오직 신앙으로만(솔라 피데sola fide) 의롭게 되는 것입니다. 이는 가톨릭 교리 전통과의 단절이었습니다. 비록 루터가 아우구스티누스를 자기 편으로 내세웠지만 말이죠. 개신교도가 중세 후기의 개혁적 생각을 지닌 사람들과 구분되는 지점은 교회 안의 모든 폐해가 교회 전통이 가르친 잘못된 교리에서 비롯된다는 확신이었습니다. 따라서 교회 교리는 오직 성서(솔라 스크립투라 sola scriptura)로 돌아감으로써 **재**-형성되어야 합니다. 개신교도는 본문의 문법적 내지 문자적 의미를 전적으로 선호하면서 알레고리적 성서 해석을 거부했습니다. 그들은 또한 라틴어 번역본인 불가타Vulgata에 결함이 많다고 무시하고, 성서를 원어인 히브리어와 그리스어로 읽어야 한다고 주장했습니다.

루터는 스콜라 신학 전통에서 훈련받은 수사였습니다. 하지만 이는 토마스 아퀴나스의 스콜라 철학이 아니었습니다. 루터는 토마스의 스콜라 철학을 알지 못했던 것으로 보입니다. 루터가 훈련받은 스콜라 전통은 오히려 14세기와 15세기의 비아 모데르나 via moderna였습니다. 이 새로운 방식은 유명론 또는 오컴의 윌리엄

William of Occam, 1280?-1349?이 있은 후 오컴주의Occamism로도 불립니다. 유명

론자들은 신이 인류와, "신은 그들 안에 있는 것을 행하는 자에게

(파치엔티부스 쿼드 인 세 에스트*facientibus quod in se est*) 은총을 거두지 않는

다"라는 계약을 했다고 가르쳤습니다. 이는 죄의 상태에서 사람

이 선행(토마스는 이를 긍정했습니다)은 물론 '재량' 공로congruous merits(토

마스는 이를 부정했습니다)를 할 수 있다는 의미입니다. 재량 공로는

신이 공로로 여기기에 '적합한' 것이긴 하지만, 완전한 공로는 아

닙니다. 신은 우리가 의롭게 되기 위해 할 수 있는 모든 것을 하

고 있음을 보시고, 우리에게 은총을 베푸십니다. 우리는 은총에

기초하여, '적정' 공로condign merits에 근거한 구원을 얻을 수 있게 됩

니다. 이때에야 공로가 완전함에 도달합니다. 이러한 신학에서 예

정은 누가 '공로'를 위해 자신이 할 수 있는 모든 것을 하는지를

신이 미리 안다는 의미에서 은총의 첫 번째 주입infusion입니다. 루

터는 이러한 신학이 펠라기우스 신학이라고 비난했습니다. 그는

은혜와 공로가 상반되는 개념이며 서로 조화를 이룰 수 없다고

주장했습니다. 토마스는 이 용어들을 완전히 다른 방식으로 사용

했습니다. 토마스는 우리가 은총의 상태에서, 보는 관점에 따라

적정 공로 혹은 재량 공로로 간주될 수 있는 행위를 한다고 말했

습니다. 즉, 신의 은총이 행위에 영향을 미치는 한, 이 행위는 적

정 공로인데, 왜냐하면 신이 하는 일은 모두 완전한 공로의 가치

가 있기 때문입니다. 하지만 우리와 은총의 협력이 행위에 반영

되는 한, 이 동일한 행위는 단지 재량적으로 은총을 받을 만하다

merit grace congruously고 할 수 있습니다.[7] 아마 토마스라면 유명론의 교리가 펠라기우스적이라는 루터의 주장에 분명 동의했을 것입니다. 만일 루터가 토마스를 알았다면, 루터는 모든 스콜라 신학이 아우구스티누스가 강조한 솔라 그라티아*sola gratia: 오직 은혜*를 배반했다고 비난할 수 없었을 것입니다.

루터에게 이 문제는 학계에서나 논의되어야 하는 지나치게 미묘한 구분 같은 것이 아니었습니다. 이는 무엇보다도 가장 절박한 실존의 문제였습니다. 그는 죄인들이 자기 자신의 능력이나 공로를 신뢰하도록 하는 신학은 모두 절망으로 이어진다고 비난했습니다. 왜냐하면 우리는 우리 안에 있는 모든 것을 우리가 실제로 해 왔는지 확신할 수 없기 때문입니다. 사실 이는 루터가 수도원 생활을 살아 내고자 한 결과, 양심의 가책과 함께 개인적으로 경험했던 것이었습니다. 구원이 어떤 식으로든 자기 자신의 노력에 좌우되는 한, 루터는 자신이 잊어버리고 고백하지 못한 죄가 남아 있을지 모른다는 괴로운 의심에서 벗어날 수 없었습니다. 유명론 신학은 이 땅에서 순례의 방향을 찾는 영혼들에게 **그들이** 지옥을 피하기 위해 할 수 있는 것을 이야기해 줌으로써 어떤 목회적 길잡이를 제시하려는 의도를 지니고 있었지만, 루터는 자신의 구원이 신의 손에 있으며 어느 한 부분도 자기 손에 있지 않다는 확신이 필요했습니다!

---

7   *Summa Theologiae*, 1-2ae, q. 114, art. 3 and 1-2ae, q. 114, art. 6, in *Nature and Grace*, pp. 206-8 and 211-12.

루터는 의롭게 됨의 의미에 대한 새로운 통찰로 가는 길에서, 바울이 "신의 의로움이 복음에 나타났다"(로마서 1:17)라고 씀으로써 무엇을 의미하고자 했는지를 이해하려고 분투했습니다. 루터는 이 말을 이해할 수 없었습니다. 신의 의로움이 이미 율법 아래 나타나지 않았습니까? 게다가 왜 이게 "기쁜 소식"인 것이죠? 이는 양심의 가책을 지닌 채 하늘의 심판대 앞에 서야 하는 죄인에게 나쁜 소식입니다. 게다가 훨씬 당혹스러웠던 것은 바울이 하박국 2장 4절, "의인은 믿음으로 살 것이다"라는 구절을 인용했다는 점입니다. 의인들은 자신들이 의존할 수 있는 자신의 의로움이 있는데, 어째서 믿음으로 산다는 것입니까? 루터는 "신의 의로움"이란, 신이 정의로운 재판관으로서 죄인들을 심판하고 처벌하는 율법에서 가르치는 "능동적 의로움"을 의미하는 게 아니라고 제안함으로써 이 문제를 풀었습니다. 네, 신의 의로움은 그런 것이 아닙니다. 복음이 "믿음을 통해 믿음에" 신의 의로움이 나타난다고 선언할 때, 신의 의로움은 신이 그리스도의 공로 때문에 죄인들에게 선물로 주시는 "수동적 의로움"을 가리킵니다.[8] 의인이 믿음으로 산다고 하는 이유는 바로 의인에게는 자랑할 만한 자기 의로움이 없기 때문입니다. 의인은, 그리스도로 인해 죄인들을 용서하고 그들의 믿음을 의로 여기겠다는 신의 약속이 신실함을 신뢰하는

---

8   Martin Luther, *Lectures on Romans*, ed. Wilhelm Pauck, Library of Christian Classics (Philadelphia: Westminster, 1961), 18. 『루터: 로마서 강의』, 이재하 · 강치원 옮김(서울: 두란노아카데미, 2011).

믿음으로 살아갑니다. 이런 이유로 의롭게 됨justification, 칭의(稱義)/의화(義化)
은 율법의 행위와는 별개로 믿음으로만 이루어집니다.

루터가 율법과 복음을 구별한 것은 그가 성서를 해석하는 열쇠
가 되었습니다. 복음은 율법과 정반대의 관계에 있습니다. 율법은
선을 행함으로써 공로에 따라 구원을 얻어야 한다고 가르칩니다
(루터는 토마스처럼 선행과 공로를 구분하지 않았습니다). 복음은 구원이 행
위가 아니라 믿음을 통한 것이라고 가르칩니다. 율법은 우리의 죄
를 따라 우리를 정죄하는 심판자인 신을 보여 줍니다. 이는 신의
"낯선" 행위alien work입니다. 복음은 우리의 죄를 은혜롭게 용서하시
는 아버지이신 신을 제시합니다. 이는 신의 "본래적" 행위proper work
입니다. 루터는 율법이 우리에게 주어져서 우리가 우리의 행위로
스스로를 구원할 수 있는 게 아니라, 율법의 요구를 이루지 못하는
우리의 무능을 통해 우리가 얼마나 죄인인지를 알 수 있다고 결론
내렸습니다. 우리는 자기 자신에 대한 절망에 이른 후에야 복음에
나타난 신의 자비에 전적으로 의존할 준비가 된 것입니다. 이와 같
이 신은 복음 안에서 자신의 본래적 행위를 하기 위해, 율법 안에
서 낯선 행위를 합니다. 율법과 복음의 구분은 구약과 신약의 구분
과 같지 않습니다. 왜냐하면 신약성서에서도 율법을 가르치고, 구
약성서에서도 복음이 발견되기 때문입니다. 이러한 신학은 율법
이 나타내는 구원의 길과 복음이 나타내는 구원의 길이 대비된다
는 점에서 마르키온의 신학과 닮았지만, 루터는 저 2세기의 이단
과는 달리 신약과 구약을 서로 경합시키지 않았습니다.

그럼에도 루터의 신학은 로마 교회가 가르친 것으로부터 중요한 면에서 이탈했다는 점에서 이단적이었습니다. '오직 믿음' 교리는 '사랑이 형성한 믿음'(피데스 카리타테 포르마타*fides caritate formata*)으로 우리가 의로워진다는 가톨릭 교리를 부정합니다. 이는 '형성되지 않은 믿음', 즉 사랑의 행위로써 완전해지지 않은 믿음은 의롭게 되기에 불충분하다는 것입니다(고린도전서 13:2). 반면 루터는 '사랑 안에서 활동하는 믿음'을 가르쳤습니다(갈라디아서 5:6). 믿음이 내적으로 활동하며 이웃을 향한 사랑의 행위를 일으킴으로써 외적으로 드러난다는 것입니다. '내적 사람'은 행위와 별개로 믿음의 관계로만 신 앞에 서 있지만, '외적 사람'은 이웃의 필요를 충족시키기 위해 행위가 필수적인 사랑의 관계로 이웃 앞에 서 있습니다. 그리스도인의 실존이 역설적인 것은 우리가 신과의 관계에서는 행위로부터 자유롭지만, 이웃과의 관계에서는 사랑의 행위를 할 의무가 있기 때문입니다. 그러나 이러한 사랑의 행위들은 심판 날에 신 앞에서 자랑할 만한 것이 되지 못합니다. 사랑의 행위는 그리스도를 통해서 신이 값없이 주신 자비에 대한 감사를 겉으로 표현한 것입니다.[9] 루터는 이렇게 구분하면서, 가톨릭 신학의 기본 문제가 성화sanctification 과정의 목표와 칭의

---

9 Martin Luther, "The Freedom of the Christian," in *Three Treatises*, from the American ed. of *Luther's Works* (Philadelphia: Fortress Press, 1970), 277-316. 「그리스도인의 자유에 대한 논설」, 『독일 민족의 그리스도인 귀족에게 고함, 교회의 바빌론 포로에 대한 마르틴 루터의 서주, 그리스도인의 자유에 대한 논설』, 황정욱 옮김(서울: 길, 2017).

를 혼동한 것이라고 주장했습니다. 가톨릭 신학과는 달리 루터의 신학에서 성화는 칭의의 선행 조건이 아닙니다. 우리는 믿음으로 인해, 죄인인 동시에 의인(시물 유스투스 에트 페카토르*simul iustus et peccator*)입니다.

줄리안처럼 루터도 구원의 확신에 대해 물었습니다. 루터 또한 거룩한 신 앞에 서기 위해서는 우리가 먼저 거룩해져야 한다는 중세의 가정과 단절했습니다. 둘 다 은혜를 신의 자비로 이해했지, 신이 기뻐하도록 죄인을 변화시키는 초자연적 실체로 이해하지 않았습니다. 루터에게 성사는 사효적으로*ex opere operato* 성화 은총을 전달하는 것이 아닙니다. 그 대신 성사는 죄인을 용서하신다는 신의 약속의 신뢰성을 확인하는 표시*pledges*의 역할을 합니다.[10] 가톨릭의 관점에서 믿음이 교회 교리에 대한 지적인 동의인 것과는 달리, 루터에게 믿음은 이 약속을 신뢰하는 것입니다. 믿음은 복음을 듣는 데서 오기 때문에(로마서 10:17), 설교는 개신교 예배의 중심이 됩니다. 이와 같이 루터도 줄리안처럼 신의 은혜로우심을 아는 지식에 관점적으로 접근하는 방식을 개발했습니다. 그리고 이둘 모두에게, 신이 은혜로우시다는 확신은 그 시대 사람들의 뇌리에 박힌 지옥 심판에 대한 두려움을 끝내기에 충분했습니다.

---

10 루터는 이렇게 썼습니다. "성사는 … 그것들이 행해질 때 성취되는 것이 아니라, 그것들을 믿을 때 성취되는 것이다." "The Babylonian Captivity of the Church," in *Three Treatises*, 189. 「교회의 바빌론 포로에 대한 마르틴 루터의 서주」, 『독일 민족의 그리스도인 귀족에게 고함, 교회의 바빌론 포로에 대한 마르틴 루터의 서주, 그리스도인의 자유에 대한 논설』.

신에 대한 루터의 언어는 역설적입니다. 신은 숨어 계신 분인 동시에 나타나신 분입니다. 숨어 있음에는 서로 다른 두 가지 의미가 있습니다. 첫째, 신은 우리에게 주신 계시를 초월하므로 우리는 신에 대한 모든 것을 알 수 없습니다. 둘째, 신은 우리에게 주신 계시에서조차 여전히 초월자입니다. 첫 번째 의미에 따르면, 유한한 피조물은 있는 그대로의 신의 권능과 마주할 수 없습니다. 그 힘은 우리를 압도할 것입니다. 두 번째 의미에 따르면, 신은 자신의 영광을 겸손한 표지 아래 감추고(예를 들어, 베들레헴 말구유 안에, 또는 골고다 십자가 위에) 애매한 방식으로 우리에게 자신을 계시합니다. 신은 이로써 믿음의 여지를 만듭니다. 왜냐하면 이성의 기대에 어긋나는 방식으로 우리에게 자신을 주셨기 때문입니다. 루터에게 신학의 대상은 신 자체 _a se_ 가 아니라, (우리를 위해 _pro nobis_) 복음에 자신을 드러낸 신입니다. 우리는 계시 뒤의 신을 살피려 해서는 안 됩니다. 그 대신 우리는 신의 계시인 그리스도에게 천착해야 합니다. 우리는 신이 자비로우시다는 우리의 유일한 확신을 그리스도 안에서 발견할 수 있습니다. 신이 자신의 계시와 별개로 자연과 역사를 다스리는 방식은 전적으로 신비입니다(이사야 45:15). 여기에는 유명론자들이 신의 절대적 권능(포텐티아 압솔루타 _potentia absoluta_)과 규정된 권능(포텐티아 오르디나타 _potentia ordinata_), 신이 할 수 있는 것과 신이 하기로 선택한 것을 구분한 점과 유사한 부분이 있습니다. 유명론자들은 신이 어떤 특정한 방식으로 구원을 가져와야 할 필연성에 매여 있지 않으므로 인간 이성이 자신의 범주 안에서 신을 파악하는 것이 불가능하다고 주장했습니다(안셀무스와 대조됩니다). 루터에게 구원의 확신은 신이 예정한 은총의 계시에서만 발견되는 것입니다. 이 계시는 역설적이게도 그리스도의 십자가 아래 숨겨져 있습니다. 그런데 왜 그리스도 안에서 자비를 보여 주는 신은 수많은 이들의 마음을 완고하게 할까요? 여기서 루터는 계시 뒤에 숨어 있는 신의 신비라는 문제에 봉착합니다.[11]

장 칼뱅과 신의 영광

종교개혁 2세대인 장 칼뱅John Calvin, 1509-1564은 루터의 신학을 발전시켜서 체계적인 형태를 이룹니다. 칼뱅은 사실상 모든 주요 사항에서 루터의 선례를 따랐습니다. 하지만 약간의 차이가 있습니다. 루터와는 달리 칼뱅은, 율법의 목적 중 하나가 죄인들을 절망에 몰고 가는 것이긴 하지만, 우리에게 율법을 주신 신의 주된 목적

---

11   파울 알트하우스(Paul Althaus)는, 루터에게 있어 "성서의 신은 매우 명백히 복음의 신이 아니다. 성서의 신은 모든 은총의 신일 뿐만 아니라 자기 뜻에 따라 완고하게 하고 버리기도 하는 신이다. … 복음에 계시되고 설파된 신은 설파되지 않은 숨은 신, 즉 모든 일을 하는 신과 구분되어야 한다"라고 말합니다. *The Theology of Martin Luther*, trans. Robert C. Schultz (Philadelphia: Fortress Press, 1966), 276. 『마르틴 루터의 신학: 루터의 조직신학』, 이형기 옮김(파주: 크리스천 다이제스트, 2017). 매우 명료한 다음 논문을 보십시오. B. A. Gerrish, "'To the Unknown God': Luther and Calvin on the Hiddenness of God," in *The Old Protestantism and the New: Essays on the Reformation Heritage* (Edinburgh: T. & T. Clark, 1982), 131-149.

은 그리스도인의 삶의 의무를 신자들에게 가르치는 것이라고 생각했습니다.[12] 이와 같이 칼뱅은 루터보다 성화 개념에 더 비중을 두었지만, 그렇다고 해서 칭의에 관한 루터의 기본 주장을 부인했다는 말은 아닙니다. 칼뱅은 또한 성찬에서 어떻게 그리스도가 임재하는지에 대해서도 루터와 의견을 달리합니다. 칼뱅은 루터가 확언했던 바, 즉 그리스도의 부활한 몸이 신적 본성과 인간 본성 사이의 '속성 교류'(콤무니카티오 이디오마툼*communicatio idiomatum*)를 통해 편재의 속성을 공유한다는 생각을 부정했습니다. 칼뱅은 이 고대의 서술 원리를 "비유적 화법"이라고 했습니다.[13] 칼뱅은 성령이 천상에 계신 그리스도의 몸과 피와 우리가 교제할 수 있게 해 주신다고 주장했습니다. 이렇게 주장하지 않았다면 칼뱅은 루터교도였을 것입니다.

루터와 달리 칼뱅은 수도사가 아니었습니다. 그는 그리스와 라틴 고전에 깊이 젖어 있는 인문학을 배경으로 하여 자신의 신학 연구를 하였습니다. 칼뱅의 첫 책은 스토아 철학자 세네카Seneca, BCE 4?-CE 65에 대한 주석이었습니다. 종교개혁에서 칼뱅의 독특한 기여는 루터의 신학과 르네상스 인문주의를 결합한 것입니다. 칼뱅의 '개혁파' 전통의 역설은 루터교보다 성서주의적 경향이 더 짙으면

---

12   John Calvin, *Institutes of the Christian Religion*, trans. Ford Lewis Battles, ed. John T. McNeill, 2 vols., Library of Christian Classics (Philadelphia: Westminster Press, 1960), 2.7.12 (1:360). 여기서는 권, 장, 절 번호와 함께 괄호 안에 맥닐판(McNeill edition)의 페이지 번호를 표시했습니다. 『기독교 강요』.

13   *Inst.*, 2.14.1-2 (1:482-44); cf. *Inst.*, 2.13.4

서도 철학과 세속 학문에는 더 많이 열려 있다는 점입니다.

칼뱅에게 인간 실존의 이상은 신의 은택에 대한 지식이 불러일으키는 '경건'(피에타스*pietas*), 즉 신에 대한 사랑과 경외심입니다.[14] **경건**은 고대인들이 미신 및 무신론과 구별하여 올바른 종교를 설명하기 위해 사용한 용어였습니다. 신이 창조한 모든 것이 신의 영광이 반영된 거울입니다. 인간은 스스로 의식하면서 창조주를 찬양하도록 지음받았다는 점에서 독특합니다.[15] 칼뱅은 신이 모든 사람 안에 "종교의 씨앗" 또는 "신에 대한 감각"을 심으셨고, 그래서 그 누구도 신을 신으로 공경하지 않음에 대해 변명할 수 없다고 확언했습니다. 아담의 타락 이후, 종교의 씨앗은 미신으로 인해 제대로 자라지 못했고, 신에 대한 감각은 신이 아닌 다른 대상으로 바뀌었습니다. 그러므로 모든 사람이 무언가를 경배하고 있기 때문에 진정한 무신론자는 없습니다. 이는 아무리 야만적인 사회라 하더라도 종교가 전무한 사회는 없다는 사실에서 명백하게 나타납니다.[16] 복음에 대한 믿음은 타락 후에 신이 마땅히 받아야 할 공경을 받을 수 있도록 경건이 회복되는 길입니다. 신의 영광과 위엄에 대한 감각이 칼뱅 신학 곳곳에 스며 있습니다. 그는 경

---

14 *Inst.*, 1.2.1 (1:41).

15 B. A. Gerrish, *Grace and Gratitude: The Eucharistic Theology of John Calvin* (Minneapolis: Fortress Press, 1993), 41-48; 또한 그의 논문 "The Mirror of God's Goodness: A Key Metaphor in Calvin's View of Man," in *The Old Protestantism and the New*, 150-159를 보십시오.

16 *Inst.*, 1.3.1 (1:43-44).

건한 사람이 신을 섬기는 동기가 자신의 구원이라는 생각을 단호히 거부했습니다. 구원은 신에 대한 올바른 경외심의 부산물입니다. 우리는 우리 자신을 위해서 살지 않습니다. 우리는 신께 속하였습니다.[17] 루터를 사로잡은 관심이 은혜로운 신을 찾는 것이었다면, 칼뱅의 핵심 관심은 어떻게 인간이 신을 섬기는 자리에 있을 수 있는지를 분별하는 것이었습니다.

완숙기에 이른 칼뱅의 신학은 두 가지 원리로 구성됩니다. 첫째는 신에 대한 지식과 자기 자신에 대한 지식 사이의 밀접한 상호관계입니다. 다른 한쪽의 지식 없이 한쪽 지식만 온전히 알 수는 없습니다.[18] 둘째는 신에 대한 "이중적 지식"입니다. 즉, 창조자로서의 신에 대한 지식과 구속자로서의 신에 대한 지식입니다. 이러한 신에 대한 이중적 지식에, 자신에 대한 이중적 형태의 지식이 상응합니다. 즉, 창조된 자로서의 자기 이해와 구속받은 자로서의 자기 이해입니다.[19] 루터가 그랬듯이 칼뱅도 우리가 신을 자존하신 그대로 알 수 있다고 생각하지 않았습니다. 우리는 신이 우리에게 맞게 자신을 적응accommodation해 주신 만큼만 신을 알 수 있을

---

17   "Letter to Sadoleto," in John Calvin and Jacopo Sadoleto, *A Reformation Debate*, ed. John C. Olin (Grand Rapids, Mich.: Baker Book House, 1966), 58. 〔이 편지는 『칼뱅 작품선집 3』, 박건택 편역(서울: 총신대학교출판부, 2009), 『칼뱅: 신학 논문들』, 박경수, 황정욱 옮김(서울: 두란노아카데미, 2011)에 실려 있습니다.〕

18   *Inst.*, 1.1.1 (1:35).

19   *Inst.*, 1.2.1 (1:40).

뿐입니다. 창조된 자연의 질서는 신이 유한한 우리에게 맞추어 적응해 주신 것이며, 성서 속 신의 말씀은 죄 있는 우리에게 맞추어 적응해 주신 것입니다. 만일 아담이 타락하지 않았더라면, 우리는 신이 창조한 세계를 통해서 신의 선하심을 알았을 것입니다. 하지만 우리의 눈이 신의 자비하심benevolence을 지각하지 못할 만큼 어두워졌기 때문에, 우리는 신이 자신의 말씀을 통해서 우리에게 건네시는 말을 들어야 합니다. 신은 자신의 말씀에서 부모가 어린아이에게 말하듯이 자신을 우리의 수준에 맞게 낮추셨습니다. 성서는 우리가 다시금 명확하게 볼 수 있게 해 주는 안경과 같습니다.[20] 그렇게 함으로써 신은 우리에게 창조주이신 자신을 다시금 보이셨고, 이제는 또한 그리스도 안에서 우리의 구속주로 자신을 보이셨습니다. 경건한(또는 믿음의) 사람은 신이 자기 자녀의 안녕을 돌보는 관대한 '아버지'이심을 신뢰하고, 신을 "모든 좋은 것의 원천"(폰스 옴니움 보노룸fons omnium bonorum)으로 봅니다.[21]

섭리는 칼뱅 신학에서 특히 중요한 주제입니다. 이 주제가 창

---

20 *Inst.*, 1.13.1 (1:121); 1.6.1 (1:70).

21 이러한 비인격적 이미지는 플라톤 철학에서 유래한 것입니다. 칼뱅은 신이 우주를 만든 이유가 그의 선하심 때문이었다는 플라톤의 생각에 동의합니다. *Inst.*, 1.5.6 (1:59); cf. Plato, "Timaeus," 29D-30A, in *The Collected Dialogues*, 1162. 『티마이오스』. Gerrish, *Grace and Gratitude*, 31-41를 보십시오. 칼뱅이 즐겨 사용한 신에 대한 인격적 은유는 '아버지'였지만, 제인 템프시 더글러스(Jane Dempsey Douglas)는 칼뱅이 신에 대해 이야기하기 위해 '어머니'의 은유도 사용했다고 지적합니다. "Calvin's Use of Metaphorical Language for God: God as Enemy and God as Mother," in *Archive for Reformation History* 77 (1986):126-140.

조주로서 신에 대한 지식과 밀접하기 때문입니다. "우리가 그의 섭리로 걸음을 옮기지 않는다면, 우리는 '신은 창조주이시다'라고 말하면서도 이 말의 의미를 제대로 파악하지 못한 것입니다."[22] 왜냐하면 속된 사람들과는 달리, 경건한 사람은 신의 권능을 사건의 시작에서만 보지 않고 계속되는 과정에서도 명백하게 보기 때문입니다. 하지만 신은 모든 것이 존재를 이어가도록 보존하실 뿐만 아니라, 자신이 만드신 모든 것을, 가장 작은 참새 한 마리까지도 기르고 돌보십니다(마태복음 10:29).[23] 섭리를 모른다면 불행의 극치라 할 수 있는데, 이 지식 없이는 자연과 역사의 사건들이 조리 있게 이해되지 않기 때문입니다. "섭리는 그 행위에 있기" 때문에, 칼뱅은 신의 예지를 의미한 것이 아닙니다. 사실 신이 "모든 것을 통제하고 있으므로 신의 생각을 벗어나 일어나는 일은 없습니다."[24] 경건한 사람은 신이 모든 사건을 주권적으로 통치하고 계심을 믿음으로써, "세상이 방향을 잃고 어수선해 보이는 순간에도, 신이 모든 곳에서 일하고 계심"을 확신할 수 있습니다. 실제로 "그가 결정하시지 않으면 그 무엇이 땅에 떨어질 수도 없습니다."[25] 우리 생각에 우연해 보이는 것도 신이 작정하여 정하신 것입니다. 우연히 일어나는 일은 없습니다. 우리는 "어떤 어

22   *Inst.*, 1.16.1 (1:197).

23   *Inst.*, 1.16.1 (1:197-98).

24   *Inst.*, 1.16.4 (1:202), 1.16.3 (1:200).

25   *Inst.*, 1.17.11 (1:224).

머니들은 모유가 풍부하지만, 어떤 어머니들은 잘 나오지 않는다"는 점을 볼 때, "신이 누군가[아기]를 더 풍족히 먹이려 하시고, 또 다른 이는 보다 불충분하게 먹이려 하신다"[26]고 결론내려야 합니다. 그럼에도 신이 하시는 모든 일은 정의롭습니다. 우리가 왜 그러한가를 이해하지 못하더라도 말이죠. 선택받은 사람들은 만물이 궁극적으로 그들의 유익을 위한 것이라고 확신합니다. 마음이 경건한 사람은 역경의 한복판에서도 "신께서는 어떤 일도 그냥 일어나게 방관하지 않으시며, 선과 구원으로 귀결될 일들을 허용하시는 것이다"는 점을 알고 위로를 얻습니다.[27]

칼뱅은 신들이 빈둥거리며 아무것도 하지 않는다고 본 고대의 에피쿠로스주의자들의 견해와 달리, 신이 끊임없이 활동한다고 보았습니다. 자신의 견해와 에피쿠로스의 견해를 구분하는 일은 간단한 일이었습니다. 하지만 자신의 섭리 견해와 스토아 철학의 운명 교리의 차이를 명확히 하는 일은 좀 더 어려운 일이었습니다. 모든 일에 신적 작용이 있다는 칼뱅의 결정론적 견해를 고려할 때, 이는 간단한 문제가 아닙니다. 칼뱅은 같은 문제가 아우구스티누스를 괴롭혔다고 말했습니다. 한편으로 칼뱅은 단어 하나를 물고 늘어지는 일에 자기는 관심이 없다고 설명했습니다. 다른 한편으로 그는 "우리는 스토아 철학자들처럼, 자연에 내재된, 끊임없이 연결되고 밀접하게 연관된 일련의 원인에서 필연성 고

---

26   *Inst.,* 1.16.3 (1:200-201).

27   *Inst.,* 1.17.6 (1: 218).

안해 내지 않는다"[28]고 명확히 선을 그었습니다. 칼뱅의 말은 우주가 궁극적으로 비인격적인 인과성에 지배되지 않는다는 의미로 보입니다. 그럼에도 그가 다음과 같이 쓸 때는 신과 자연을 동일시한 스토아 철학에 가까웠습니다. "물론 나는, 경건한 마음에서 나왔다는 전제하에, 자연은 신(나투람 에세 데움 naturam esse deum)이라고 경건하게 말할 수 있음을 인정한다." 하지만 칼뱅은 저 말이 "신보다 열등한 피조물의 길"과 신을 헷갈리게 하기 때문에 "불쾌하고 부적절한 말"[29]이라고 재빨리 덧붙입니다. 칼뱅은 속된 사람들이 "모든 선한 것의 원천"에 대해 감사하지 않은 핑곗거리로 '신' 대신 '자연'이란 말을 사용할까 봐 염려했습니다. 칼뱅은 더 나아가 이차적 원인들의 실재를 인정했고, 신이 때로는 그것들을 통해 일하고 때로는 그것들 없이 일하며 때로는 그것들과 상반되게도 일한다고 설명했습니다. 칼뱅은 신과 자연을 구분하길 원했지만, 자연이 작동하는 세세한 모든 것에 신이 밀접히 관여함을 강조했습니다. 칼뱅이 보기에 그 무엇도 신의 원인성에 기인하지 않은 채로 자연적 원인에만 기인할 수 없습니다.

"오직 성서"라는 종교개혁의 원리에는 애매함이 있었습니다. 개신교인들은 자신들의 모든 권위를 성서에 두었습니다. "교황과

---

28 *Inst.*, 1.16.8 (1:207).

29 *Inst.*, 1.5.5 (1:58); 저는 여기서 다음의 라틴어 원문에 더 가깝게 배틀스의 번역을 수정했습니다. *Institutio christianae religionis* (1559), vols. 3-5, in *Ioannis Calvini opera selecta*, ed. Peter Barth, Wilhelm Niesel, and Dora Scheuner, 5 vols. (Munich: Christian Kaiser, 1926-52), 3:50.

공의회는 오류를 범할 수 있지만" 성서는 신적으로 영감받은 것이기 때문입니다. 가톨릭교도들은 성서의 정경 목록 자체가 정통적 전통이 이단들과 싸우면서 결정한 것이라고 응수했습니다. 전통의 영감을 거부한다면, 성서의 권위도 땅에 떨어집니다. 이는 반박하기 어려운 논증이었고, 개신교인들이 생각해 낼 수 있었던 최선의 묘안은 신의 말씀이 교회를 낳았지, 그 반대는 아니라고 단순히 단언하는 것이었습니다! 그리고 문제는 그뿐만이 아니었습니다. 개신교인들은 성서의 명확성 내지 '명료성'을 고수하고 있었음에도 불구하고, 성서가 가르치는 바와 관련해서 그들 사이에서도 서로 의견이 갈릴 수 있다는 문제가 있었습니다. 성례 신학에 대한 루터교와 개혁파 사이의 논쟁은 개신교인들이 내세운 성서의 권위 원리가 왜 정말로 문제인지를 보여 주었습니다. 가톨릭 신자들은 궁금했습니다. **어떤** 성서 해석이 올바른 해석인지를 누가 결정합니까? 게다가 삼위일체론 문제만큼 성서와 전통의 관계가 문제 되는 곳도 없었습니다. 현대 유니테리언주의의 선구자인 미카엘 세르베투스Michael Servetus, 1511-1553는 삼위일체 교리를 부정했습니다. 그는 삼위일체 교리가 성서적이지 않다고 주장했습니다. 그는 칼뱅이 이 입장에 설득되길 원했지만, 설득은커녕, 제네바에서 화형을 당했습니다. 그러나 정말 이상하게도, 칼뱅은 동료 개신교도인 피에르 카롤리Pierre Caroli, 1481-1545에게 '아리우스주의'라고 고발당했습니다. 근거 없는 혐의였지만, 카롤리는 칼뱅에게 고대 신조들에 동의하는 서명을 요구했고, 칼뱅이 이 요구에 굴복하지 않았았기에 그의 입장이 정통성을 결여했다는 의심만 커졌습니다. 분명 칼뱅은 권위를 성서 이후의 교회 전통에 두고 싶지 않았던 것입니다. 이는 자신이 고수하는 '오직 성서' 원리를 위반하는 것이죠. 하지만 여기에는 이보다 더 많은 함의가 있습니다.[30]

칼뱅에게 나타나는 긴장은 그가 한편으로 성서의 언어를 선호하고 다른 한편으로 "오직 경건의 한계 안에서의 신학"을 지지하며 "사변"을 거부한 데서 비롯합니다.[31] 칼뱅은 호모우시온ὁμοούσιον 같은 성서에 없는 용어들이 이단자들의 냄새를 맡는 기능을 하는 한에서 유용하다고 인정했으며, 성서에 없는 용어들이 성서에 있는 이해하기 어려운 구절들을 명확히 하는 데 도움이 될 수 있다고 생각했습니다.[32] 그러나 칼뱅은 성서에 계시된 것 이상으로 신에 대해 더 알고자 하는 바람에 대해 염려했습니다. 칼뱅은 근거 없는 사변의 예로 "디오니시오스(그가 실제 누구였든지 간에)"를 들면서, 그의 글이 "대체로 말뿐"이라고 판단했습니다.[33] 칼뱅은 아우

---

30   칼 바르트는 "『기독교 강요』에서 삼위일체 교리가 차지하는, 이상하리만큼 두드러지지 않고 '애정이 드러나지 않는' 입장"에 대해 말하면서, "카롤리가 더 예리했다면 칼뱅과 그의 무리를 아리우스주의가 아니라 사벨리우스주의로 비난했을 것"이라고 제안합니다. Karl Barth, *The Theology of John Calvin*, trans. Geoffey W. Bromiley (Grand Rapids: Eerdmans, 1995), 312, 327.

31   B. A. Gerrish, "Theology within the Limits of Piety Alone: Schleiermacher and Calvin's Notion of God," in *The Old Protestantism and the New*, 196-207.

32   *Inst.*, 1.13.3 (1:124).

33   *Inst.*, 1.14.4 (1:164).

구스티누스를 존경했지만, 이해·의지·기억의 관계에 있는 인간 영혼이 삼위일체를 반영한다는 그의 사변은 못마땅했습니다.[34] 칼뱅이 인정한 신에 대한 지식은 우리를 경건의 본분을 다하도록 교화하는 지식입니다. 따라서 신에 대한 지식은 이론적이지 않고 상당히 실천적입니다.

신은 무엇인가? 이 물음을 제기하는 사람은 그저 게으른 사변을 즐기고 있을 뿐이다. 신이 어떤 분이시며 그의 본성과 일치하는 것이 무엇인지를 아는 것이 우리에게 더 중요하다. … 오히려 우리의 지식은 경외와 공경을 가르치는 데 먼저 이바지해야 한다. 둘째, 우리는 우리의 안내자이자 교사인 이 지식으로 그분에게서 모든 선을 찾는 법을 배워야 하고, 또한 모든 선을 그에게 받았으므로 그의 덕으로 돌리는 법을 배워야 한다.[35]

이런 이유로 칼뱅은 이 규칙을 자신의 지침으로 삼았습니다. "사실 올바로 말하면, 신이 종교나 경건이 없는 곳에서 알려진다고 말해서는 안 됩니다."[36] 칼 바르트는 다음과 같이 쓰면서 이 문제에 관한 칼뱅의 견해를 정확히 평가했습니다. "그가 보기에 삼위일체 교리는 실천적으로 이해될 수 있는 만큼만 성서적인 것이

---

34   *Inst.*, 1.15.4 (1:190).

35   *Inst.*, 1.2.2 (1:41-42).

36   *Inst.*, 1.2.1 (1:39).

며, 받아들일 만한 것이었다."[37]

17세기 초에 칼뱅의 가르침은 또 하나의 도전을 받았습니다. 야코부스 아르미니우스Jacob Arminius, 1560-1609는 네덜란드의 개혁파 목사로, 제네바에서 칼뱅의 후계자인 테오도르 베자Theodore Beza, 1519-1605에게 배웠습니다. 하지만 그는 칼뱅주의의 예정 교리에 의문을 품었습니다. 아르미니우스는 신의 은혜가 모든 사람에게 보편적으로 베풀어지며 죄인이 자유롭게 복음에 믿음으로 응답할 수 있다고 믿게 되었습니다. 유명론처럼, 아르미니우스주의도 신앙 자체가 신이 예정하신 은혜의 선물이라고 결론 내리기 이전 초기 아우구스티누스의 반#펠라기우스적 입장을 부활시켰습니다. 그리고 펠라기우스처럼, 아르미니우스도 칼뱅의 견해가 신을 죄의 창조자로 만들고 인간의 자유를 부인한다고 반대했습니다. 아르미니우스가 죽은 후에, 그의 제자들은 『항론서』Remonstrance로 불리는 문서를 통해 공개적으로 그의 가르침을 제시했습니다. 그리고 이 쟁점을 토론하기 위한 총회를 열자고 요청했습니다. 1618년 도르트 총회Synod of Dort에서 아르미니우스는 정죄되었으며, 이후 정통 칼뱅주의로 알려지게 된 것이 제시되었습니다. 이 가르침은 나중에 "칼뱅주의 5대 강령"으로 유명해졌고, 튤립TULIP이라는 두문자어로 쉽게 기억할 수 있습니다. 이는 (1) 전적 타락total depravity (2) 무조건적인 선택unconditional election (3) 제한 속죄limited atonement (4) 불가항력적인 은혜irresistible

---

37   Barth, *Theology of John Calvin*, 326.

grace (5) 성도의 견인聖忍; perseverance of the saints입니다. 다시 말해 (1) 타락 후 우리는 신앙으로 반응할 만큼 자유롭지 못하고 (2) 신의 선택은 그가 우리의 공로를 미리 아는 것에 조건 지어지지 않았으며 (3) 그리스도의 속죄적 죽음은 선택받은 자에게만 유효하며 (4) 은혜는 거부 불가능하며 (5) 선택받은 자는 결코 자신의 구원을 상실할 수 없다는 것입니다. 아르미니우스의 입장은 이 다섯 가지 점과 반대되는 것으로 이해할 수 있습니다. 아르미니우스의 관점을 영어권 세계에 대중화한 가장 영향력 있는 인물은 감리교의 창시자인 존 웨슬리John Wesley, 1703-1791입니다.[38]

종교개혁 시기는 넓게 보면 서방의 중세 그리스도교 이야기에 속합니다. 17세기에 이르기까지, 핵심 쟁점은 아우구스티누스가 씨름했던 문제들로 남아 있었습니다. 즉, 은총과 신앙, 신의 선택과 인간의 자유, 의롭게 됨과 성화를 어떻게 이해해야 할지의 문제입니다. 아우구스티누스가 서방에 물려준 애매함으로 인해 결국 그의 유산을 이해하는 두 가지 경쟁하는 방식이 형성되었습니다. 게다가 종교개혁자들이 전제했던 것들은 철저히 중세적인 것이었습니다. 가톨릭교도들과 마찬가지로, 개신교인들도 성서가 신적인 영감을 받고 인간 저자들이라는 매개를 통해 하나의 목소리로 말한다고 간주했습니다. 하지만 가톨릭교도들과는 달리, 개신교인들은 성서 이후의 교회 전통의 신적 권위에 이의를 제기했

---

38 John Wesley, "Predestination Calmly Considered," in *John Wesley*, ed. Albert C. Outler (New York: Oxford University Press, 1964), 427-472.

습니다. 물론 이 전통을 전적으로 거부하지는 않았지만 말이죠. 하지만 개신교가 성서에 대한 수많은 다양한 해석을 낳아서 일치된 운동이 되지 못했기에, 이들의 '오직 성서' 원리는 결국 종교적 권위에 관한 심각한 쟁점을 발생시켰습니다. 아이러니하게도, 개신교는 구원의 확실성을 탐구하다가 성서 해석에 관한 해석학적 불확실성에 이르렀습니다. 성서 본문의 문자적 의미를 고수하던 것이 근대에 이르러 역사비평적 방법의 발전으로 이어지면서, 성서의 권위 문제는 훨씬 더 어려워졌습니다.

7

계몽주의와 근대

계몽주의는 이성에 기초하여, 중세로부터 내려온 종교 전통에 비판을 가했습니다. 17세기와 18세기의 과학 혁명은 서구의 우주관에 극적인 변화를 가져왔습니다. 니콜라우스 코페르니쿠스Nicolaus Copernicus, 1473-1543와 갈릴레오 갈릴레이Galileo Galilei, 1564-1642는 전통적인 프톨레마이오스식의 지구 중심의 우주 개념에 도전했습니다. 1633년에 갈릴레오는 종교 재판에 출두하여 입장 철회를 강요받았습니다. 그럼에도 새로운(그리고 결국 승리를 거둔) 태양 중심 이론은 서구의 종교 감성과 사고에 중대한 영향을 미쳤습니다. 이 이론은 한편으로 성서가 전제하고 있는 우주론(여호수아 10:12-13)과 모순됩니다. 다른 한편으로는 우주론과 구원론의 조화를 산산이 깨뜨립니다. 만일 지구가 우주의 중심이 아니라면, 인간은 우주적 드라마에서 차지하고 있었던 중심 역할에서 물러나야 합니다. 이와 같이 태양 중심적 관점은 새로운 종교적 문제를 낳았습니다. 사람들은 구원의 확신을 찾는 대신, 이 광대한 우주 속에서 인류의 의미와 목적을 파악하고자 했습니다.

이성의 신

아이작 뉴턴Isaac Newton, 1642-1727은 중력의 법칙을 정리함으로써 이러한 변화를 강화했습니다. 중력의 법칙에는 자연을 법칙이 지배하는 인과 연쇄로 보는 이해가 함의되어 있습니다. 자연에는 경험으로 관찰되고 수학적 정확성으로 공식화될 수 있는 그 고유의 내적 설명 원리가 있으므로, 자연 세계의 사건들(예를 들어, 흉작, 지진, 질병)은 이제 더 이상 신의 진노를 나타내는 표지로 해석될 수 없었습니다. 그럼에도 과학 혁명이 신에 대한 생각을 완전히 배제시키지는 않았습니다. 하지만 신에 대한 생각에 변화를 가져왔습니다. 특히 이 세상에서 신의 활동 방식과 '기적'에 대한 물음을 낳았습니다. 우주는 이제 그 고유의 법칙에 따라 움직이는 기계처럼 보였기 때문에, 신은 세계-기계를 작동시킨 다음 저절로 움직이게 내버려 둔 우주 바깥에 있는 설계자로 여겨졌습니다.

이신론Deism('신'에 해당하는 라틴어 데우스deus에서 유래)은 새로운 종교적 감성과 이에 어울리는 신에 대한 관점을 영향력 있게 표현했습니다. 이신론자들은 순전히 이성적이고 도덕적인 종교를 주창했습니다. 그들은 또한 이런 종교가 인간 본연의 '자연종교'라고 생각했습니다. 종교가 미신적 오류로 인해, 그리고 성직자들이 교육받지 못한 대중들을 조작함으로써 타락하기 전에는 원래 자연종교였다는 것입니다. 셔버리의 허버트Herbert of Cherbury, 1583-1648는 이신론의 이념을 이렇게 요약했습니다. (1) 신이 한 분 존재함 (2) 신은 우리의 예배를 받기에 합당함 (3) 덕의 실천은 신에 대한 예배의 주요 부분임 (4) 우리는 악을 혐오하고 죄를 회개해야 함 (5) 죽음 이후에 덕에 대한 보상과 악덕에 대한 처벌이 있음.[1] 모든 이신론자가 계시 개념을 완전히 부인한 것은 아니지만, 이성에 따라 주장되지 않은 모든 것에 이성의 기준이 적용되어야 한다고 주장했습니다. 종교개혁으로 인해 서구 그리스도교 세계가 파당으로 갈려서 전쟁을 벌였다는 사실에 비추어, 이들의 이성 종교에 대한 진심을 제대로 인식해야 합니다. 분열은 개신교와 가톨릭 사이에만 있었던 것이 아닙니다. 개신교 안에서도 분열이 있었습니다. 가톨릭과 개신교는 모두 자신들이 지지하는 상반된 권위의 원천에 호소함으로써 서로 자기들이 진정한 그리스도교 신앙을 대표한다고 주장했고, 더 나아가 개신교인들은 자신들이 궁극의 권위로 여긴 성서를 해석하는 방식에서 의견이 모아지지 못했습니다. 이성이 이 종교적 차이들을 극복할 수 있으리라는 희망은 시대에 걸맞은 생각이었습

---

1   James C. Livingston, *Modern Christian Thought*, 2d ed., 2 vols. (Upper Saddle River: Prentice-Hall, 1997), 1:15-16. 『현대 기독교사상사 1』, 이형기 옮김(서울: 한국장로교출판사, 2000. 2권은 미출간).

니다. 사실 이신론은 종교적 관용을 장려했고 교회와 국가의 분리를 주창하는 사람들에게 지지를 보냈습니다.[2]

자연신학에서 도출한 논증에만 근거를 둔다고 하는 이성 종교의 유일한 문제는 그것이 명백하게 주장하는 기준—이성과 경험—을 스스로 거스르고 있지 않은지를 시험할 때 잘 통과할 수 있느냐는 것입니다. 데이비드 흄David Hume, 1711-1776은 이신론 입장의 핵심을 이루는 세계의 설계자에 관한 목적론적 논증에 가장 지속적인 비판을 가했습니다. 이 논증은 토마스 아퀴나스의 '다섯 가지 길' 중 다섯 번째 논증입니다. 흄이 목적론적 논증에 반대한 결정적인 부분은 이 논증이 증거로서 보증될 수 있는 지점 너머까지 증명하려 한다는 점입니다. 그는 유한한 결과와 무한한 원인 사이에 비례성이 없다고 지적했습니다. 토마스는 이미 이러한 반대가 설득력 있다는 점을 인지했습니다. 하지만 그는 초자연적 계시의 도움을 받지 않은 이성으로는 신의 본질을 알기에 충분하지 않다고 생각했고, 따라서 이신론자들만큼 자연신학으로부터의 논증에 종교적 무게를 두지 않았습니다.[3]

목적론적 논증의 논리적 구조는 유비를 토대로 합니다. 우리는 아름다운 집을 볼 때, 재능 있는 건축가가 설계한 것이라고 추론

---

2   John Locke, *A Letter Concerning Toleration*, Great Books in Philosophy (Amherst: Prometheus, 1990). 『관용에 관한 편지』, 공진성 옮김(서울: 책세상, 2021).

3   Thomas Aquinas, *Summa Theologiae*, I, q. 2, art. 2, in *Nature and Grace*, 52.

합니다. 이신론자도 유사하게 세계를 살펴보고 지혜로운 설계자가 있어야 한다고 추론합니다. 하지만 흄은 세계와 집이 아주 미미하게 유사할 뿐이므로, 저 유비가 그리 정확하지 않다고 주장합니다. 게다가 우리가 집의 경우는 여러 집을 거듭하여 경험하고 있지만, 세계의 경우는 단 하나의 세계만을 경험할 뿐입니다. 심지어 이런 유비는 종교적인 사람이 의미를 둘 만한 신을 제시할 수 없으므로 무용지물입니다. 만일 우리가 이 유비를 중요하게 여긴다면, 우리는 또한 건축가처럼 신이 유한하여 오류를 범할 수 있다고 추정하면 안 되나요? 또한 건축가가 많이 있듯이, 여러 신이 존재한다고 가정하지 못할 이유는 없지 않을까요? 세계의 명백한 불완전함을 고려할 때, 이 세계는 아마 어떤 유아기적 신이 처음 시도한 산물이거나 늙은 신이 노쇠하여 만든 결과라고 결론 내리면 안 됩니까? 어쨌든 우리는 세계 안에 있는 증거로부터 세계의 설계자가 완벽하게 지혜롭고, 선하며, 능력 있음을 결코 증명할 수 없습니다. 우리가 말할 수 있는 최대한은 세계에 어떤 원인이나 다른 무언가가 있다는 것입니다. 하지만 그것이 종교적 믿음에서 요구하는 신은 아닙니다.[4]

흄은 또한 이신론자들이 우주의 질서 정연한 설계를 증거로 하여 인류 초기의 종교가 유일신교라고 주장한 것에 대해 이의를

4　David Hume, *Dialogues Concerning Natural Religion*, ed. Henry D. Aiken, Hafner Library of Classics (New York and London: Hafner, 1948). 『자연종교에 관한 대화』, 이태하 옮김(파주: 나남, 2008).

제기했습니다. 흄은 초기 형태의 인간 종교가 다신교라고 주장했습니다. 종교는 또한 세계를 지배하는 미지의 힘에 대한 두려움과 희망이라는 원초적 감정에서 나온 것이지, 우주의 질서를 이성적으로 숙고한 결과가 아닙니다. 마지막으로 흄은 종교의 이름으로 저질러진 수많은 잔학 행위들을 지적하고 고대의 다신교가 유일신교보다 항상 더 관용적이었다고 제안함으로써, 종교가 도덕성을 촉진한다는 이신론자들의 생각에 타격을 가했습니다.[5]

흄의 회의론은 이신론만을 표적으로 삼지 않았습니다. 그는 기적에 대한 정통적 믿음의 기초에도 문제를 제기했습니다. 그에게 기적이란 자연이 유지하는 질서 정연함이 중단된다는 의미였을 것입니다. 흄 본인은 기적을 믿지 않았지만, 기적의 가능성을 전부 단정적으로 배제하지는 않았습니다. 그가 물은 것은 '기적이 가능한가?'가 아니라, '어떤 조건하에서, 기적이 일어났다는 주장을 믿는 것이 정당한가?'였습니다. 흄에 따르면, 그러한 주장을 믿는 것은 증거로 보장되는 한에서만 정당화됩니다. 따라서 그것은 확률의 문제가 됩니다. 베드로가 십자가에 못 박히신 후에 부활하신 예수를 봤다고 주장했다면, 죽은 사람이 다시 살아날 확률과 이를 증언한 베드로의 신뢰도를 저울질해야 합니다. 다시 말해, 베드로의 주장을 믿으려면, 베드로가 틀릴 확률이 더 낮아야

5   David Hume, *The Natural History of Religion*, ed. H. E. Root, Library of Modern Religious Thought (Stanford, Calif.: Stanford University Press, 1956). 『종교의 자연사』, 이태하 옮김(서울: 아카넷, 2004).

합니다. 흄의 말로 하면, "증언은 증언이 확립하고자 하는 사실보다 증언이 거짓인 경우가 더 기적적인 그런 식의 증언이 아니라면, 기적을 확립하기에 충분하지 않습니다."[6]

임마누엘 칸트Immanuel Kant, 1724-1804는 흄을 읽으면서 "독단의 잠"에서 깨어났으며, 이성의 한계에 대한 비판적 평가에 착수하게 되었다고 말했습니다. 칸트가 보기에 마음의 범주를 감각 경험의 자료에 적용하는 것을 넘어서 '초월적'transcendent으로 사용하는 것(예를 들어, 인과성 개념이나 실체 개념)은 잘못입니다. 이성을 벗어나지 않는 지식에는 명확한 한계가 있습니다. 따라서 형이상학적 관념들은 지식의 대상이 아닙니다. 하지만 칸트는 흄과는 달리 이러한 관념들이 환상에 불과하다고 생각하지 않았습니다. 그것들은 중요한 발견을 돕는 목적에 이바지합니다. 신 관념은 우리가 사물에 대한 지식을 가능한 최대로 넓히도록 이끕니다. 세상이 마치 지적 설계자의 창조 목적에 기반한 통일체라는 듯이 말이죠. 순수 이성의 사변적 관념들은 우리의 지식 대상을 '구성하는' 요소가 아닙니다. 오히려 그것들은 우리의 경험 지식을 체계화하는 '규제적' 원리로 기능합니다.[7] 칸트의 중요성은 자연신학에 대한 흄의 비판을 진척시키고 '주체로의 전환'에 초점을 맞춤으로써 종

---

6   David Hume, "Of Miracles," in *An Inquiry Concerning Human Under-standing* (New York, 1955), 123, cited by Livingston, *Modern Christian Thought*, 1:51. 『인간의 이해력에 관한 탐구』, 김혜숙 옮김(서울: 지식을만드는지식, 2012)

7   Kant, *Critique of Pure Reason*, 550-551.

교적 믿음에 접근하는 새로운 방식의 토대를 놓았다는 점입니다.

이론(또는 과학적) 이성이 알 수 없는 것을 실천(또는 도덕적) 이성은 상정할 수 있습니다. 칸트는 도덕성을 뒷받침하는 것으로서의 종교적 믿음의 중요성에 대한 이신론자들의 확신을 공유했다는 점에서도 흄과 달랐습니다. 칸트는 도덕적 삶에 어떤 가정들이 반드시 전제되며, 이러한 가정들이 없이는 도덕 작인agency이 유지될 수 없다고 보았습니다. 실천 이성이 상정하고 있는 것은 신, 자유, 불멸성입니다.[8] 분명 신에 대한 칸트의 도덕적 믿음의 내용은 이신론자들의 신조와 같지만, 칸트는 다른 것들에 근거하여 이를 옹호했습니다. 그의 믿음은 이성이 신에 대해 알 수 있는 것에 근거한 "이성적 종교"가 아니라, 이성의 한계 안에서 유지될 수 있는 "합리적 종교"였습니다.[9] 칸트는 "그러므로 나는 신앙의 여지를 두기 위해 지식을 부인할 필요가 있음을 알았다"[10]라고 썼습니다. 그는 역사적 종교 중에서 그리스도교가 도덕적 믿음에 대한 자신의 이상을 구현하는 데 가장 가깝다고 생각했습니다. 여러 개신교 신학자들(예를 들어, 알브레히트 리츨Albrecht Ritschl, 빌헬름 헤르만

---

8   Immanuel Kant, *Critique of Practical Reason*, trans. Mary Gregor, Cambridge Texts in the History of Philosophy (Cambridge: Cambridge University Press, 1997), 110-111. 『실천 이성 비판』, 백종현 옮김(서울: 아카넷, 2009).

9   Immanuel Kant, *Religion within the Limits of Reason Alone*, trans. Theodore M. Greene and Hoyt H. Hudson (New York: Harper Torchbooks, 1960). 『이성의 한계 안에서의 종교』, 백종현 옮김(서울: 아카넷, 2011).

10   *Critique of Pure Reason*, 29.

Wilhelm Herrmann)은 자연신학을 거부하고 인간 주체의 도덕 경험을 고려하여 신앙의 기반을 만들었다는 점에서 칸트를 따랐습니다. 폴 틸리히Paul Tillich는 다음과 같은 말로 "개신교 신학자"로서 칸트의 중요성을 포착했습니다. "세 사람의 거대한 철학자가 있고, 세 가지 거대한 그리스도교 집단이 있다. 바로 그리스 정교회(이들의 철학자 이름은 플라톤이다), 로마 가톨릭(이들의 철학자 이름은 아리스토텔레스다), 개신교(이들의 철학자 이름은 칸트다)다."[11]

현대 신학의 탄생

프리드리히 슐라이어마허Friedrich Schleiermacher, 1768-1834는 현대 신학의 창시자로 여겨집니다. 그는 종교적 믿음을 위한 완전히 다른 토대를 추구했습니다. 그는 경건주의자로 자랐고, '거듭난' 심정이라는 극적인 경험을 직접적으로 알고 있었습니다. 하지만 성인이 된 슐라이어마허는 현대 사상을 접한 후 어릴 적 신앙을 잃었습니다. 나중에 그는 자신이 낭만주의 무리와 함께하고 있음을 알았습니다.

---

11 Paul Tillich, *A History of Christian Thought: From Its Judaic and Hellenistic Origins to Existentialism*, ed. Carl E. Braaten (New York: Touchstone Books, 1967, 1968), 361. 틸리히는 율리우스 카프탄(Julius Kaftan, 1848-1926)의 강의에서 이러한 "지나친 단순화"를 처음 들었다고 설명합니다. [이 부분은 『19-20세기 프로테스탄트 사상사』, 송기득 옮김(서울: 대한기독교서회, 2004)으로 출간되었습니다.]

낭만주의는 계몽주의의 이성주의와 도덕주의에 대한 반응으로, 세계와 진정한 방식으로 관계 맺는 '감정' 의식을 함양했습니다. 이전에 경건주의자였던 그는 종교를 감정의 한 형태, 특히 "무한자에 대한 감각과 맛봄"sensibility and taste for the infinite[12] 으로 재해석하는 과감한 행보를 취했습니다. 여기서 '감정'은 단순히 정서를 의미하는 것이 아니라, 자신이 속한 포괄적 전체에 대한 전반성적 인식입니다. 슐라이어마허는 낭만주의자들이 근거 삼은 것들을 가지고 낭만주의자들과 논쟁하려 했습니다. 그는 낭만주의자들이 문화Bildung라는 이름으로 종교를 거부한 것에 반대하면서, 그들이 종교가 인간 본성의 본질적 측면임을 이해하지 못했다고 주장했습니다. 낭만주의자들은 종교에 대한 이러한 오해로 인간성 자체도 잘못 이해했고, 따라서 삶의 이러한 차원이 자라나지 못했습니다. 슐라이어마허는 이와 같이 종교를 감정으로 재정의하면서, 어릴 때 경험한 종교적 유산과 계몽주의가 만들어 낸 새로운 세계관 사이의 대립을 자신이 화해시켰다고 생각했습니다.

칸트처럼 슐라이어마허도 형이상학은 신께 나아가는 길이 아니라고 거부했습니다. 그는 전통적인 정통주의—이는 계몽주의가 반종교적이라고 반대합니다—와 이신론의 자연종교—이는

---

12   Friedrich Schleiermacher, *On Religion: Speeches to Its Cultured Despisers*, trans. Richard Crouter, 2d ed., Cambridge Texts in the History of Philosophy (Cambridge: Cambridge University Press, 1996), 23. 〔한국어로 번역된 『종교론: 종교를 멸시하는 교양인을 위한 강연』, 최신한 옮김(서울: 대한기독교서회, 2002)은 1판이지만 위에서 인용한 구절이 포함되어 있습니다.〕

역사적 종교 전통들을 미신에 의한 타락으로 봅니다―가 모두 신학적 명제들에 대한 지적 동의라는 잘못된 종교 개념으로 작동하고 있다고 주장했습니다. 정통주의와 이신론은 각자의 신학적 신념에서 권위를 두는 근거에 따라 차이가 납니다. 한쪽은 계시에, 한쪽은 이성에 권위를 둡니다. 하지만 칸트와는 달리 슐라이어마허는 실천 이성이 상정하는 바에 기초하여 신에 대한 신념에 이르는 도덕적 길도 거부했고, 개인의 불멸에 대한 열망이 비종교적이라고 비난했습니다. 그에게 종교는 과학이나 도덕의 영역처럼, 형성이 요구되는 그 고유의 자율적 영역이 감정에 있습니다. 게다가 종교는 다른 영역에 의존하지 않으며, 다른 영역을 강화하기 위해 존재하지도 않습니다.

슐라이어마허가 종교를 무한자에 대한 감각과 맛봄이라고 말할 때, 그는 바룩 스피노자Baruch Spinoza, 1632-1677에 대한 관심이 당시에 되살아난 것에 영향받은 것입니다. 스피노자는 유대인 철학자인데, 그는 그의 이단적 견해 때문에 암스테르담 회당에서 파문당했습니다. 스피노자는 성서에 대한 역사적 연구를 개척했는데, 모세오경의 모세 저작권을 부인하기에 이르렀습니다.[13] 스피노자는 설상가상으로 신에게 인격성을 귀속시키기를 거부하고, 그 대신 비인격적 신 개념을 제안했습니다. 정통주의의 초자연적인 신을 이미

---

13   Benedict de Spinoza, "A Theologico-Political Treatise," in *A Theologico-Po-litical Treatise and A Political Treatise*, trans. R. H. M. Elwes (New York: Dover, 1951), 120-132. 『신학정치론』.

거부했던 여러 독일 사상가들은 이신론자들이 내세운 우주 바깥의 세계 제작자 개념도 여전히 불만족스러웠고, 스피노자에게서 세계 **안에** 있는 신을 그려 볼 방법을 찾았습니다. 흄은 이신론을 비판하면서, 흥미로운데 자주 간과되고 있는 한 가지 제안을 했습니다. 즉, 세계 바깥에서 세계와 관계하며 세계에 질서를 부여하는 지적인 정신으로 신을 그리는 대신, 자기 안에 그 고유의 질서 원리를 갖는 유기체와 유사하게 세계를 생각하는 것이 낫지 않을까 하는 것입니다. 이 모델에서 신은 세계의 영혼이고, 세계는 신의 몸입니다.[14] 스피노자의 범신론은 신을 한순간 있었던 세계의 원인이 아닌 내재적인 세계의 원인으로 보는 이러한 견해를 정확히 표현했습니다. 그는 '자연'이라는 단어를 다음과 같이 두 가지 의미로 구분했습니다. 나투라 나투란스*natura naturans*('능산적 자연')는 능동적인 자연으로 여겨지고, 반면 나투라 나투라타*natura naturata*('소산적 자연')는 수동적인 자연으로 여겨집니다. 신은 만물을 존재하게 하는 능동적 힘이라는 첫 번째 의미의 자연으로 이해됩니다. 반면 세계는 이에 따라 소산되는 만물이라는 두 번째 의미의 자연입니다.[15] 슐라이어마허는 스피노자에게서 의인화되지 않은, 전통 유신론과 이신론에 대한 대안을 발견했습니다. 슐라이어마허는 신에

14 Hume, *Dialogues Concerning Natural Religion*, 42.

15 Benedict de Spinoza, "The Ethics," in *On the Improvement of the Under-standing, The Ethics, and Correspondence*, trans. R. H. M. Elwes (New York: Dover, 1955), 68-69. 『에티카』.

게 인격성을 귀속시키는 것이 자기가 이해한 종교에 필수적이라고 생각하지 않았습니다. 따라서 그는 사람들이 보통 '신'으로 읽을 만한 지점에 "우주" 또는 "무한"이라고 쓸 수 있었습니다.

우주는 끊임없는 활동으로 존재하며, 매 순간 우리에게 자신을 계시한다. 우주가 낳은 모든 형태, 우주가 그 생명의 충만함을 따라 개별적인 존재를 부여한 모든 존재자, 우주가 그 부요하고 늘 풍성한 자궁으로부터 쏟아 낸 모든 사건은 우리에게도 동일한 행동이다. 이와 같이 종교는 모든 개별자를 전체의 한 부분으로, 모든 한정적인 것을 무한자에 대한 하나의 재현으로 받아들이는 것이다.[16]

그가 스피노자를 그리스도교에 전유한 것은, 비록 많은 신학자가 스피노자를 무신론과 마찬가지로 보았기 때문에 논란이 되기는 했지만, 아주 획기적이었습니다.[17]

슐라이어마허는 원숙기에 이른 그의 개신교 신학에 관한 진술에서, 경건의 본질이 "절대적으로 의존하고 있음에 대한 의식, 또는 다른 말로 하면 신과 관계하고 있음에 대한 의식"이라고 말합니다.[18] 신은 우리의 절대 의존 감정이 "유래하는 곳"*das Woher*입니다.

---

16   Schleiermacher, *Speeches*, 25.

17   다음의 뛰어난 연구를 보십시오. Julia A. Lamm, *The Living God: Schleiermacher's Theological Appropriation of Spinoza* (University Park: Pennsylvania State University Press, 1996).

이러한 신 의식은 존재자들이 자연-체계 안에서 상대적 자유와 상대적 의존의 상호 관계를 맺고 산다는 의식에 이르면 완전히 발전하게 됩니다. 슐라이어마허는 다음과 같이 신의 절대적 인과율이 유한한 행위자들의 상대적 자유나 상대적 의존성을 부정하지 않는다고 주장했습니다. "종교적 관심은 어떤 사실이 신에 의존한다고 해서 그 사실이 자연-체계로 조건 지어짐을 절대적으로 배제한다는 식으로 사실을 이해할 필요를 낳지 않는다."[19] 그는 신의 전능함을 자연의 상호 의존성과 대립시키는 것은 잘못이라고 주장했습니다. 만일 자연의 흐름이 신적으로 정해져 있다면, 어떻게 신의 권능이 원래 정해져 있던 것을 변경한다고 해서 더 대단하다고 말할 수 있을까요? 원래의 설계에 결함이 있는 경우에만 그러한 변경이 우호적인 시각으로 이해될 수 있지만, 이는 신에게 어떤 불완전함이 있음을 함축합니다. 혹은 신에게 저항할 수 있는 어떤 힘이 있어야 합니다. 하지만 슐라이어마허는 이것이 신적 인과율에 대한 근본적인 절대 의존 감정을 파괴할 것이라고 주장합니다. 따라서 신의 전능함에 대한 가장 완벽한 표현은 '기적'을 신이 자연적 인과 과정의 흐름을 중지한 것으로 보는 견해를 거부해야 합니다. 기적은 단지 "어떤 사건에 대한 종교적 이름"[20]일 뿐입니다. 신적 인과

---

18   Friedrich Schleiermacher, *The Christian Faith*, ed. H. R. Mackintosh and J. S. Stewart (Philadelphia: Fortress Press, 1976), §4, p. 12.

19   *The Christian Faith*, §47, p. 178.

20   *Speeches*, 49.

율은 한편으로 자연 질서와 구별되어야 하며, 다른 한편으로 자연 질서와 범위상 동일시되어야 합니다.[21] 이런 이유로, 슐라이어마허는 종교와 과학 간의 모든 충돌이 근본적인 착오에 바탕을 두고 있다고 생각했고, 그리스도교 신앙과 현대 과학이 각자 서로의 간섭에 구애되지 않고 자신의 탐구를 추구할 수 있도록 하는 둘 사이의 "영원한 언약"이 필요하다고 주장했습니다.[22] 그는 종교개혁이 스콜라 전통에서 벗어난 것에서 이렇게 과학과 신학을 구분하는 것의 선례를 보았습니다. 게다가 이러한 논증은 슐라이어마허가 범신론과 유일신론의 관계를 이해한 방식을 설명해 줍니다. 범신론이 신과 세계의 구별이 전혀 없음을 의미한다면, 범신론은 부적절합니다. 그러나 신과 세계가 구별된다는 조건하에서 핵심은 신과 세계가 우리의 자기-의식 안에 함께 속한다는 점입니다. 이상적인 경건은 세계 안에 존재한다는 매 순간의 의식을 세계가 신에 절대적으로 의존한다는 의식과 결합하는 능력에 있습니다.

슐라이어마허는 자신의 신학 프로그램에서 당시 부상하고 있는 역사적 연구를 충분히 참작하려 했습니다. 그의 시대에 역사비평적 방법은 성서와 성서 이후의 전통을 연구하는 완전히 새로운 접근 방식을 만들어 내기 시작했습니다. 이 새로운 방식은 이스라엘

---

21 *The Christian Faith*, §51.1, pp. 200-202.

22 Friedrich Schleiermacher, *On the Glaubenslehre: Two Letters to Dr. Lücke*, trans. James Duke and Francis Fiorenza, American Academy of Religion Texts and Translations Series (Chico.: Scholars, 1981), 64.

과 교회의 기원에 관하여 그간 받아들여져 왔던 개념들에 도전을 가했습니다. 특히 중요했던 점은 성서 시대에서 오늘날까지 그리스도교 종교가 형성되고 또 재-형성되는 변화의 역동적 성격을 이해함에 있어 역사적 **발전**의 개념이었습니다. 낭만주의는 개별성에 대한 인식을 통해 19세기의 새로운 역사의식에 기여했습니다. 대부분의 계몽주의 사상가들이 역사적으로 주어진(또는 '실정') 종교 전통들을 경멸한 것과 대조적으로, 슐라이어마허는 각각의 종교가 공통의 종교 본질이 개별적으로 형성된 것이라고 주장했습니다. 따라서 개별성에 대한 진정한 느낌은 역사가 낳은 것에 대한 거부로 이어지지 않을 것입니다. 오히려 적절한 태도는 각각의 개별자가 우주와 맺는 독특한 관계를 개발하며, 다양한 개별자가 나타내는 다양성을 경축하고자 하는 욕망입니다. 이런 식으로 슐라이어마허는 종교적 다원성을 인식한 선구자였습니다.

슐라이어마허는 실정 종교의 독특한 본질을 분별하기 위한 방법을 내놓았습니다. 그것은 다음과 같은 4개의 특징으로 나타납니다. (1) 종교의 발전 단계 (2) 종교의 유형 (3) 시초 사건 (4) 중심 사상. 흄과 같이 슐라이어마허도 유일신론을 종교의 초기 형태로 보지 않았습니다. 그는 유일신론이 종교적 의식이 진화적으로 발전한 최고의 단계를 나타낸다고 주장했습니다. 그리스도교는 그 발전 단계와 관련하여 유일신론이고, 또한 도덕 활동과의 관련성이 중요하다는 점에서 **목적론적**(목표나 목적을 지향하는) 종교 유형의 전형입니다.[23] 그리스도교의 시초 사건은 예수의 사역이며, 중심 사상은 죄로부터의 구속입니다. 그리스도교의 독특성은 모든 종교적 감정이 예수가 가능하게 한 구속과 관련된다는 데 있습니다. 예수에게는 절대적으로 완전한 신 의식이 있었습니다. 이 의식은 "자기 안의 참된 신 존재"[24]였습니다. 그리스도인들은 예수가 신과 관계하는 능력에 참여함으로써, 자신들의 쇠약한 신 의식을 극복할 수 있습니다. 그리스도교의 도덕이 구속된 신 의식의 능동적 충동을 실천적으로 표현하는 것과 마찬가지로, 그리스도교 교리는 이러한 구속의 경험을 지적으로 표현합니다.[25]

그리스도교 신학은 "신과 우리의 관계 속에서만 신을 표현할 수 있습니다."[26] 슐라이어마허가 교의학dogmatics(또는 조직신학)이라고 부른 것은 사변적인 작업이 아닌데, 그리스도인의 독특한 경건 경험을 기술하려고만 하기 때문입니다.[27] 따라서 신을 서술하는 어떤 속성이든 "신 안의 어떤 특별한 것을 지칭하는 게 아니라, 오직 절대 의존 감정이 신과 관련되는 방식에 있어 특별한 것

23   *The Christian Faith*, §7-11, pp. 31-60.

24   *The Christian Faith*, §94, p. 385.

25   *The Christian Faith*, §15, pp. 76-78, §26, pp. 111-112.

26   *The Christian Faith*, §10, "Postscript," p. 52.

27   불행하게도, 우리 시대에는 **교의적**(dogmatic)이란 말이 '권위주의적' 또는 '교조적'이라는 내포를 담고 있습니다. 고전 그리스도교 전통에서는 이런 의미가 아니라, 단지 교회의 가르침, 곧 교회의 교리나 교의를 체계적으로 설명한다는 의미였습니다.

만을 지칭한다"[28]고 이해되어야 합니다. 창조와 보존 교리는 죄와 은혜의 대립antithesis으로부터 추상하여 얻은 절대 의존 감정을 표현합니다. (창조 교리가 세상이 시작된 방식에 관한 것이 아님을 주목해야 합니다!) 절대 의존이라는 추상적 의식은 신의 네 가지 속성—영원, 편재, 전능, 전지—을 산출합니다. 그리고 대립 자체가 두 쌍의 속성을 산출합니다. 죄에 대한 의식은 신의 거룩함과 정의로움에 대해 자각하는 것이고, 은혜에 대한 의식은 신의 지혜와 사랑에 의존합니다. 그리스도인은 세계가 의존하는 절대 원인이 지혜와 사랑임을 그리스도를 통한 구속과 별개로 결코 알 수 없을 것입니다. 따라서 창조의 선함을 확언하는 것은 구속 의식에 속합니다. 여기서 주목해야 할 중요한 점은 슐라이어마허의 교의학에서 신론만을 위해 마련된 전용 장소가 없다는 것입니다. 신의 속성들이 체계 전체에 걸쳐 퍼져 있기 때문입니다. 여기에 칼뱅과 비슷한 점이 있습니다. 칼뱅도 그의 『기독교 강요』에서 신에 대해서만 따로 이야기하는 교리적 장소를 두지 않았으며, 자신의 논의를 창조자이신 신과 구속자이신 신이라는 이중적 지식으로 나누었습니다.

슐라이어마허 신학의 반反사변적 성격은 그리스도교 교리를 체계적으로 진술하면서 삼위일체 교리를 논하는 부분을 부록으로 빼기에 이르렀습니다. 고전적으로 정형화된 이 교리는 그리스도

---

28   *The Christian Faith*, §50, p. 194.

인의 종교적 자기의식을 표현한 것이 아닙니다.

우리는 우리의 세계 인식과 더불어서만 우리의 자기의식에 주어진 신 의식과 관련된다. 따라서 우리에게는 세계 안의 신 존재와 별개인 신 존재 자체에 대한 정형문구가 없으며, 그러한 정형문구는 모두 사변으로부터 빌려와야 한다. 그러므로 우리 스스로 우리가 작업하고 있는 분야의 성격에 충실하지 않다는 점을 증명하고 있다.[29]

슐라이어마허는, 그리스도인들이 신과 세계의 관계를 떠나서 신의 존재에 대해 안다고 주장하지 않으면 그리스도와 그를 통해 성취된 구속을 믿는 그리스도교 신앙이 달라지지 않을 것이라는 점에 완전히 설득되었고, 이렇게 썼습니다. "교회 교리의 주축―그리스도 안에서와 그리스도교 교회 안에서의 신의 존재―은 삼위일체 교리와 독립적이다."[30] 그는 성서에 있는 고전 교리의 해석적 토대에 의문을 제기했고, 이 문제가 종교개혁 기간에 이미 제기되었다는 점을 지적했습니다. 따라서 그는 교부 시대에 거부되었던 선택지인 사벨리우스 교리 내지 양태론 교리를 진지하게 재검토하기를 요구한 것입니다.

---

29   *The Christian Faith*, §172.1, p. 748.

30   *The Christian Faith*, §170.3, p. 741.

절대정신으로서의 신

삼위일체를 왕성한 사변으로 재해석한 사람이 있었습니다. 바로 G. W. F. 헤겔Hegel, 1770-1831입니다. 헤겔은 현대 신학에서 칸트와 슐라이어마허 다음으로 세 번째 대단한 선택지를 보여 주었습니다. 그는 칸트의 고전적 형이상학 비판에는 동의했으나, 칸트가 이성의 한계를 제한한 점에서는 함께하지 않았습니다. 헤겔에게 신은 그저 실천 이성이 상정한 것이 아니었습니다. 종교 철학의 과제는 종교적 신앙 내용의 합리적 필요성을 입증하는 것입니다. 슐라이어마허와 관련하여, 헤겔은 종교를 감정으로 보는 견해를 경멸할 뿐이었습니다. 그는 이런 견해가 이성을 배제함으로써 인간 존재를 격하시킨다고 생각했습니다. 그는 슐라이어마허와 달리 신학은 철학과 별개가 아니며, 오히려 신에 대한 지식과 관련된 철학의 일부라고 생각했습니다. 게다가 절대 의존이 진정 종교의 본질이라면, 강아지야말로 최고의 그리스도인일 것입니다! 슐라이어마허와 극명히 대조적으로, 헤겔은 인간이 자유라는 감정에서 자신의 신성함apotheosis을 발견한다고 확언했습니다. 인간 역사는 더 큰 형태의 자유를 실현하기 위한 투쟁입니다.

교회의 교의 전통은 종교적 표상Vorstellung의 형태로 신에 대해 가르칩니다. 이는 상상력이 발휘된 그림-언어입니다. 종교 철학의 과제는 교회 교의의 기저를 이루는 무시간적 진리를 정확한 개념Begriff의 언어로 번역함으로써, 불충분한 표상적 형태에서 벗어나게 하는 것입니다. 그제야 불충분하게 표현된 진리가 신에 대한 최고의 지식을 표현하면서 진정한 의미로 파악될 수 있습니다. 헤겔에게 역사적·교의적 형태의 그리스도교는 철학을 통해 지양되어야aufgehoben 하는 것입니다. 다시 말해, 역사적·교의적 형태의 그리스도교의 영속적 진리가 사유될 수 있으려면 부정되어야 합니다. 표상을 넘어 개념으로 나가아가는 일에서는 철학이 종교보다 뛰어납니다. 또한 바로 그렇기에, 철학은 그리스도교가 "절대 종교"임을 보여 준다는 점에서 변증에도 이바지합니다. 왜 냐하면 이것만으로도 신이 '정신'spirit이라는 필연적 진리가 드러났기 때문입니다.

정신Geist, spirit은 역동적인 개념입니다. 정신 개념은 오직 다시 자신에게 돌아오기 위해서, 자기 자신으로부터 다른 것으로 이행하는 바깥으로의 움직임을 함의합니다. 이는 신이 필연적으로 계시적임을 의미합니다. 신이 정신이라는 확언은 교회의 신학에서처럼 삼위일체의 세 번째 인격인 영을 가리키지 않습니다. 헤겔의 요지는 신이 정신**이다**는 점입니다. 고전 형이상학은 '실체'substance 라는 범주를 신에게 적용했지만, 헤겔은 궁극적 실재는 '주체'subject 라고 주장했습니다. "참된 것을 실체 못지않게 주체로 파악하고 표현하는 데 모든 것이 달려 있습니다."**31** 게다가 정신은 오로지

31   G. W. F. Hegel, *Phenomenology of Spirit*, in *G. W. F. Hegel: Theologian of the Spirit*, ed. Peter C. Hodgson, Making of Modern Theology: Nineteenth and Twentieth-Century Texts (Minneapolis: Fortress Press, 1997), 93. 『정신현상

정신에 의해서만 알려질 수 있습니다(로마서 8:15-16, 26-27; 요한복음 4:23-24).[32] 여기에 신과 인간의 동일성이 있습니다. 인간의 정신은 유한한 반면, 신의 정신은 무한합니다. 무한한 정신은, 유한한 정신이 무한한 정신을 인식함을 통해, 자신을 의식하게 됩니다. 자연은 정신이 자신에게서 소외된 상태입니다. 인간의 출현은 정신이 자연으로 이행하는 돌파구를 의미합니다. 여기서 정신은 세 가지 형태를 취합니다. 즉, 개인의 심리에서의 '주체적' 정신, 사회의 법과 정치 제도에서의 '객관적' 정신, 예술과 종교와 철학 안에서의 '절대적' 정신입니다. 이렇게 인간 정신이 발전하는 역사를 통해, 신의 정신은 자기 자신을 "절대정신"으로 의식하게 됩니다. 따라서 인간과 신의 종교적 관계는 신의 자기-관계성의 표현입니다.

헤겔이 이를 사변적으로 재구성한 것에서, 삼위일체 교리에 드러난 신에 관한 심오한 진리는 무한자가 유한자와 별개가 아니라, 유한자 안에서, 유한자를 통해서 실현 내지 현실화되어야 한다는 점입니다. 신-인 관계의 암묵적 또는 본질적 일치는 그리스도의 성육신이라는 역사적 사실에서 명시화 또는 현실화됩니다. 따라서 신과 인간 모두의 역사는 변화를 겪어 왔습니다. 신은 자

학』1-2, 임석진 옮김(파주: 한길사, 2005)〔저자가 인용한 책은 발췌 선집이며, 함께 표기한 한국어판은 완역본입니다. 각주 32도 그렇습니다.〕

32   Hegel, *Early Theological Writings*, in *Theologian of the Spirit*, 65. 『청년 헤겔의 신학론집: 베른/프랑크푸르트 시기』, 정대성 옮김(서울: 그린비, 2018).

신을 비워 유한자가 되었고, 그럼으로써 세계가 '아닌' 자신을 부정했습니다. 아버지는 아들의 성육신과 십자가 처형 속에서 죽었습니다. 이는 절대정신의 출현으로 이어집니다. 절대정신 안에서 유한자와 무한자 사이에서의 소외가 화해되는 것이죠. 역사는 이렇게 무한한 정신과 유한한 정신 사이에서 소외, 부정, 화해의 변증법적 과정이 이루어지는 데 필요합니다. 무한자로서의 신은 유한성을 부정하면서 동시에 완성합니다.

헤겔이 보았듯이, 전통 신학의 문제는 신을 세계에서의 자기-박탈과 별개로 완전한 자기의식을 지닌 초월적 존재로 표현한다는 점입니다. 그러나 헤겔이 재해석한 삼위일체 신학에서, 신은 절대정신이 되기 위해 세계를 필요로 합니다. 그러나 이런 이유로, 세계는 신 바깥에 있는 무언가가 아닙니다. 어느 저자가 설명했듯이, "신적 객체는 순전히 자기 자신을 위해 존재하며, 자기 외부에 있는 것, 자기에게 완전히 낯선 것과는 아무 관계가 없습니다. 이것이 신적 객체가 '절대적'이라고 불리는 이유입니다. 그것은 물론 관계를 갖지만, 그 관계들은 모두 내적이며, 신이 세계를 창조함으로써 신의 풍성함 안에서의 타자성의 차원으로 이루어진 것입니다."[33] 신은 실재의 이성적 구조이나, 이 구조는 역동적이고, 따라서 역사적입니다.

헤겔의 철학에서 이성은 역사적이고, 역사는 이성적입니다. 사

---

[33] Peter C. Hodgson, "Introduction," in *Theologian of the Spirit*, 27. 호지슨의 글은 헤겔의 업적과 그 지속적 의의에 대한 탁월한 개관입니다.

실상 인간의 역사 자체가 신의 계시입니다. 헤겔은 신적 존재에 역사를 도입한 새로운 방식의 신 이해를 제안한 데 머물지 않았고, 인간 정신이 역사를 갖는다는 그의 믿음은 19세기의 역사 연구에 엄청난 자극을 주었습니다(F. C. 바우어 같은 후계자들의 작품에서). 게다가 성서에 대한 역사비평적 연구가 역사 속에서의 신의 구원 활동이라는 생각을 완전히 파괴한 것으로 나타난 이후에, 헤겔의 사상은 몇몇 신학자들에게 역사 속 신의 구원 활동을 새롭게 이야기하기 위한 설득력 있는 철학적 틀을 제공했습니다(이러한 현대 신학자로는 볼프하르트 판넨베르크Wolfhart Pannenberg가 있습니다).

종교에 대한 비판

헤겔의 철학은 그의 좌파 후계자인 루트비히 포이어바흐Ludwig Feuerbach, 1804-1872와 칼 마르크스Karl Marx, 1818-1883의 손에서 급진적으로 수정되었습니다. 이들은 자기-소외 및 자신과의 화해 과정의 주체를 신에서 인간으로 대체함으로써 스승을 뒤집어 버렸습니다. 포이어바흐는 사람들이 신이라고 부르는 것이 사실 인간이 참된 자기 본질에서 소외된 것이라고 생각했습니다. 신학에서 인간은 소외된 자기 자신을 객관적 실재에 투사하여 신이라는 환상에 불과한 개념에 이르게 됩니다. 신은 인간이 유기한 자기 자신입니다.

신적 존재는 다름 아닌 인간 존재다. 혹은 더 정확하게는 개별 인간의 한계에서 벗어난, 정화된, 객관화된 인간 본성이다. 즉, 또 다른 별개의 존재로 관조되고 숭배되는 인간 본성이다. 그러므로 신적 본성의 속성은 모두 인간 본성의 속성이다. … 신은 개별자로서의 종개념이다.[34]

따라서 인간학은 신학의 핵심입니다. 소외된 인간이 자신과 화해하기 위해서, 신학은 극복되어야 하며, 전통적으로 신에게 돌린 특성들은 인간 본성의 본질을 표현함으로써 복원되어야 합니다.

그리스도교의 핵심은 "신은 사랑이시다"(요한일서 4:8)라는 확언입니다. 하지만 정확히 이해하면, 이 확언은 인간에게 가장 중요한 것이 이웃 사랑임을 나타내는 말입니다. 이런 까닭에, 지금까지 서술어로 간주되어 온 것("신은 **사랑이다**")은 이제 주어("**사랑은 신이다**")로 전환되어야 합니다. 진정한 인간을 위해 신은 거부되어야 합니다.

그렇다면 우리의 구원자이자 구속자는 누구인가? 신인가 아니면 사랑인가? … 신이 사랑으로 자신을 포기했듯이, 우리도 사랑으로 신을 포기해야 한다. 만일 우리가 사랑을 위해 신을 희생하지 않는다

---

34 Ludwig Feuerbach, *The Essence of Christianity*, trans. George Eliot (New York: Harper Torchbooks, 1957), 14, 153. 『기독교의 본질』, 강대석 옮김(파주: 한길사, 2008).

면, 우리는 신을 위해 사랑을 희생하는 것이며 또한 그 술어가 사랑임에도 불구하고 종교적 광신의 신을—악한 존재를—갖게 되기 때문이다.[35]

유신론을 부정함으로써 인간이 자기 본성의 최고의 특성에서 소외된 것이 극복되면, 새로운 인문주의가 출현할 것이고, 거기서 이웃 사랑에 관한 복음 메시지의 참된 목적이 진정으로 성취됨을 발견할 것입니다.

마르크스는 포이어바흐가 헤겔을 뒤집은 것을 취해서 자신의 출발점으로 삼았습니다. 그는 종교 비판이 바로 사회 비판의 기초라고 확언했습니다. 그러나 마르크스는 포이어바흐가 충분히 나아가지 않았다고 생각했습니다. 포이어바흐는 인간이 추상적 본질인 것처럼 다루었지만, 마르크스는 인간의 삶이 언제나 명확한 역사를 지닌 특수한 사회 안에 구체적으로 자리하고 있다고 생각했습니다. 마르크스에게는 역사에서 경제적인 힘들이 시대마다 인간의 의식을 결정합니다. 종교적 신념을 포함하여 한 문화가 지닌 사상은 지배적인 경제 관계를 감추고 정당화하는 이데올로기적 상부구조입니다.

자신의 물질적 존재 조건, 사회적 관계, 사회생활에서의 모든 변화

---

35   Feuerbach, *The Essence of Christianity*, 53.

와 더불어 인간의 사상, 견해, 개념, 한마디로 인간의 의식이 변한다는 점을 파악하려면 깊은 직관이 필요한가? 사상의 역사는, 물리적 산물이 변하는 데 비례하여 지적 산물도 그 특성을 바꾼다는 것 외에 무엇을 입증하는가? 각 시대의 지배적 사상은 언제나 그 시대의 지배 계층의 사상이었다.[36]

현대의 자본주의적 조건하에서 발버둥 치는 억압받는 노동자들에게, "법, 도덕, 종교는 수많은 부르주아적 편견입니다. 수많은 부르주아의 이해관계와 같이, 그것들 뒤에 부르주아적 편견이 숨어 있습니다."[37] 따라서 마르크스에게 종교 비판은 종교적 환상의 필요성을 자아내는 경제적 조건에 대한 분석과 전복에 이르러야 합니다.

찰스 다윈Charles Darwin, 1809-1882은 비록 신학자도 철학자도 아니었지만, 인간의 기원에 관한 자신의 진화 이론을 통해 그리스도교의 전통적 견해에 대한 현대 과학의 도전을 진척시켰습니다. 이 이론은 지질시대가 아주 먼 과거에까지 이어짐을 전제로 합니다. 왜냐하면 그렇게 긴 시간만이 관찰할 수 있는 지구의 특성과 남아 있는 화석 기록을 설명해 줄 수 있기 때문입니다. 어셔 주교Bishop Ussher, 1581-1656는 성서의 족보를 바탕으로 천지창조 시기를 기원

---

36   Karl Marx and Friedrich Engels, *The Communist Manifesto*, trans. Samuel Moore (New York: Bantam, 1992), 40. 『공산당 선언』.

37   Marx and Engels, *The Communist Manifesto*, 30.

전 4004년으로 계산했습니다. 그러나 다윈의 견해에 따르면, 인류가 이전의 종으로부터 진화한 것은 수백만 년이 걸리는 과정입니다. 다윈의 이론은 몇몇 동물의 종이 멸종해 왔다는 점을 참작했습니다. 게다가 종이 불변하는 것이 아니라고 제안합니다. 동물들은 변화하는 환경적 조건에 적응하면서 세대에 걸쳐 변합니다. 이는 자연 선택의 원리입니다. 변화에 성공적으로 적응한 동물들은 살아남아서 번식하고, 자신의 특성을 자손들에게 물려줍니다. 다윈의 이론은 하나의 발달 도식 안에 현존하는 모든 증거를 일관성 있게 정리하는 데 성공했습니다. 앞선 18세기의 과학과는 달리, 다윈은 자연 자체에 역사 개념을 도입했습니다. 다윈의 이론이 종교에 가한 도전은 천지창조에 관한 창세기의 설명에 의문을 제기했을 뿐만 아니라, 인간과 다른 종들 간의 철저한 이분법을 소거했습니다(cf. 전도서 3:18-21). 종의 발전에 관한 다윈의 설명은 또한 설계라는 증거에 기초하여 신 존재를 증명하기 더 어렵게 만들었습니다. 왜냐하면 그의 이론에는 진화 과정이 목적론 개념을 배제하는 식으로 임의적이며 무작위적이라는 함의가 있기 때문입니다.[38]

지그문트 프로이트Sigmund Freud, 1856-1939는 정신분석의 창시자로, 다윈의 견해 위에 정신분석을 수립하고, 종교적 믿음에 대한 자기만

---

38 다음 책은 비전문가들을 위해 다윈을 아주 잘 설명해 줍니다. Loren Eisley, *Darwin's Century: Evolution and the Men Who Discovered It* (Garden City: Anchor, 1961).

의 정신분석적 비판을 더했습니다. 프로이트에 따르면, 인간 존재는 무의식적 충동과 본능, 특히 성욕과 공격성에 이끌려 다닙니다. 하지만 문명의 요구는 사회의 화합을 위해 이러한 본능적 충동을 거부할 것을 요구합니다. 이러한 충동을 사회적으로 용인되는 추구로 승화시키는 심리적 기제를 억압이라고 부릅니다. 의식은 자신의 억압된 욕망을 인식하지 못하지만, 다른 방식으로 표현합니다. 신경증은 개인의 정신적·정서적 생활의 장애로, 우리가 문명을 위해 치러야 하는 대가입니다. 프로이트는 종교적 믿음이 신경증과 유사하다고 해석했습니다. 신에 대한 믿음은 성인으로 사회화되면서 우리가 포기해야 했던 것에 대한 보상입니다. 아버지를 향한 아이의 양가감정은 신 관념으로 승화됩니다. 아버지는 아이의 생존에 필요한 동시에, 소원 성취에 저항하는 원리를 대표합니다. 신에 대한 믿음을 통해, 우리는 본능적 욕망을 희생한 것에 대한 위안을 얻고, 비인격적인 자연의 힘에 대한 무력감에 직면할 때에도 살아남을 수 있으리라 확신하게 됩니다.[39]

19세기가 끝날 무렵, 에른스트 트뢸치Ernst Troeltsch, 1865-1923는 그리스도교와 서구 문명에서 '역사주의'가 함의하는 바를 숙고했습니다. 역사비평적 방법을 성서에 일관되게 적용하면서 성서 해석에 근본적인 변화가 일어났습니다. 고전 신학자들은 성서의 신적 영감

---

39 Sigmund Freud, *The Future of an Illusion*, trans. James Strachey (New York: Norton, 1961). 「어느 환상의 미래」, 『문명 속의 불만』, 김석희 옮김(파주: 열린책들, 2020).

을 전제로 성서에 접근한 반면, 근대의 역사적 학자들은 성서를 다양한 인간 저자의 다양한(그리고 때로는 충돌하는) 신학적 관점이 반영된 것으로 간주했습니다. 게다가 '종교사학파'*religionsgeschichtliche Schule*는 성서의 몇몇 발상과 고대 근동과 그리스-로마 세계 문화의 종교적 개념들 간의 유사점에 주목하기 시작했습니다. 이에 따라 철두철미한 역사주의적 관점은 성서 계시의 완전한 유일성을 믿는 소중한 신념을 위협했고, 학계의 성서 연구를 지배하게 되었습니다. 트뢸치는 역사적 방법이 결국 종교와 도덕의 영역에서 역사적·문화적 상대성을 인정하게 했다고 평가합니다. 그 결과, 그는 슐라이어마허와 헤겔을 통해 유명해진 종교 발전에 대한 진화적 도식과 거리를 두었습니다. 그는 그리스도교가 "절대 종교"임을 주장할 수 있다는 생각을 거부했습니다―이점에 관해서는 어떤 종교든 마찬가지입니다. 그리스도교는 세 문화(히브리 문화, 그리스 문화, 로마Latin 문화)의 교차점에 나타난 유럽 문명의 종교입니다. 이러한 상대주의적 관점에서, 그리스도인들은 다른 세계 종교(예를 들어, 불교, 힌두교)의 대표자들과 동등하게 만나야 하고, 그리스도교 선교 활동의 목표를 완전히 재고해야 합니다.[40]

근대는 신학의 의제에 일련의 새로운 도전을 가져왔습니다. 계몽주의가 비판적 작업을 수행한 후에, 많은 사람들이 그리스도인

---

40   Ernst Troeltsch, "The Dogmatics of the History-of-Religions School," in *Religion in History*, trans. James Luther Adams and Walter F. Bense, Fortress Texts in Modern Theology (Minneapolis: Fortress Press, 1991), 87–108.

이 되는 것 또는 신을 믿는 것이 이제 불가능하다고 보았습니다. 프리드리히 니체Friedrich Nietzsche, 1844-1900는 "신의 죽음"을 예언하면서, 서구 문화의 탈그리스도교적 감성을 뼈아프게 표현했습니다.[41] 20세기의 몇몇 신학자들은 18세기와 19세기에 시작된 신 문제에 대한 새로운 접근들을 계속 이어가고 다듬었습니다. 또 다른 신학자들은 그리스도교 세계Christendom의 유신론적 가정이 당연하게 여겨질 수 없게 된 후, 신에 대한 믿음을 완전히 새로운 기반에 두기 위해 이것들을 비판했습니다. 따라서 우리는 20세기를 이전 세기들과의 연속성과 불연속성의 관계에서 보아야 합니다.

---

41   Friedrich Nietzsche, "The Madman," cited by Walter A. Kaufmann, *Nietzsche: Philosopher, Psychologist, Antichrist* (Princeton: Princeton University Press, 1950), 74-75. "광인"(#125), 「즐거운 학문」, 『즐거운 학문; 메시나에서의 전원시; 유고: 1881년 봄~1882년 여름』, 안성찬·홍사현 옮김(서울: 책세상, 2017).

8
20세기

칼 바르트 Karl Barth, 1886-1968는 20세기에 가장 중요한 신학자였습니다. 그는 19세기가 설정한 신학 방향에서 벗어나, 신 지식 문제에 대한 독특한 '종교개혁적' 접근을 되살리려 했습니다. 그는 개신교 신학이 근대 세계에서 스스로를 해명하기 위한 다양한 변증적 전략으로 인해 그 정체성을 상실했다고 생각했습니다. 바르트의 비판은 특히 슐라이어마허를 겨누고 있었지만, 바르트는 또한 슐라이어마허를 깊이 존경했고 그를 종교개혁 이후 가장 위대한 신학자로 여겼습니다. 현대 신학의 두 거장은 모두 개혁파 전통에 서 있었기 때문에, 신학적 방법과 핵심 내용에 관한 그들의 대비는 계몽주의 이후 중세 전통을 전유하는 것과 관련된 해석의 문제를 보여 주는 좋은 예가 됩니다. 바르트의 신학은 종교개혁의 유산을 회복하기 위해 19세기를 뛰어넘어야 한다는 자신의 주장에도 불구하고, 슐라이어마허만큼이나 철저히 현대적입니다. 장 칼뱅은 바르트와 슐라이어마허가 응해야 했던 독특한 도전에 직면할 필요가 없었기에, 그의 후계자들은 현대 세계에서 그의 유산을 해석하기 위한 두 탁월한 대안 사이에 위치하게 됩니다.

칼 바르트의 그리스도 중심주의

바르트는 **종교**라는 범주를 거부했고, 그 대신 신학을 계시에 관한 강력한 교리를 바탕으로 한 고유의 토대 위에 굳건히 자리매김하려 했습니다. 슐라이어마허가 그리스도교 신앙을 종교의 본질에 대한 역사적으로 특수한 변형이라고 해석한 반면, 바르트는 종교적 주체로부터 시작하면 루트비히 포이어바흐의 사상이 보여 주듯이 신학이 인간학으로 완전히 환원될 수밖에 없다고 우려했습니다. 사실 바르트는 포이어바흐의 설명에 대해 반대하지 않았습니다. 실제로 바르트는 신학의 적들이 종교를 환상과 이데올로기라고 과격하게 비판하는 것을 기꺼이 지지했습니다. 그러나 바르트에게는 계시가 신에 의한, 인간 종교의 지양입니다. 바르트의 등식에서, 종교는 곧 행위를 통해 자신을 의롭게 하려는 인간의 노력인 반면, 계시는 곧 인간에게 베푸는 신의 은총입니다. 그래서 아이러니하게도 바르트에게 복음에 대한 믿음은 종교와 상반됩니다. 칼뱅의 용어 사용과 대조를 이룬다는 점을 주목해 보십시오. 칼뱅은 신앙이 참된 종교 내지 경건의 회복이라고 말했습니다. 바르트라면 **종교**라는 용어를 그리스도교와 관련하여 매우 제한적으로 사용하는 것에 한하여 허용했을 것입니다. 한편으로 그리스도교는 하나의 종교이고ᵃ religion 계시의 비판을 받아야 합니다. 다른 한편으로 죄인이 오로지 신앙을 통해서만 의롭다고 할 수 있는 것과 마찬가지로, 그리스도교는 오로지 계시에만 기초하여 "참된 종교"ᵗʰᵉ ᵗʳᵘᵉ ʳᵉˡⁱᵍⁱᵒⁿ라 할 수 있습니다.[1]

바르트는 더 나아가 모든 형태의 자연신학을 거부했습니다. 그는 자연신학이 모든 시대에 신학을 따라다닌 거대한 유혹이라고 생각했습니다. 바르트에게 **자연신학**이라는 말은 단지 토마스 아퀴나스에게서 볼 수 있는 것과 같은 신 존재 논증만을 의미하지 않았습니다. 임마누엘 칸트와 프리드리히 슐라이어마허는 자신들이 자연신학의 대안을 찾고 있다고 생각했지만, 바르트는 인간 주체의 도덕적 경험이나 종교적 경험과의 관계 안에 신학적 확언을 두려는 이들의 노력도 자신이 비판하는 부류에 속한다고 생각했습니다. 따라서 바르트가 **자연신학**이라는 말로 의미하려던 바는 이 말이 전통적으로 의미하던 것보다 더 광범위합니다. 슐라이어마허는 자신이 이 점에 관하여 유죄라는 것을 안다면 분명 놀랄 것입니다!

---

1   Karl Barth, "The Revelation of God as the Abolition of Religion," in *Church Dogmatics*, 1.2, ed. G. W. Bromiley and T. F. Torrance (Edinburgh: T. & T. Clark, 1956), §17, pp. 280-361. 『교회교의학』 I/2, 신준호 옮김(서울: 대한기독교서회, 2010).

자연신학의 문제는 칼뱅 신학에서 자연신학의 지위에 관한 바르트와 또 한 명의 개혁파 신학자인 에밀 브룬너Emil Brunner, 1889-1966 사이의 논쟁으로도 이어졌습니다. 브룬너는 자신이 "그리스도교 자연신학"이라고 부른 것을 옹호했습니다. 이 말로 그가 의도한 바는 그리스도에 대한 신앙이 우리의 눈에서 죄의 가림막을 제거하면 창조를 통한 신의 계시를 다시 볼 수 있다는 것입니다. 칼뱅도 사실상 같은 말을 했습니다. 하지만 바르트는 모든 형태의 자연신학에 대해 단호히 '아니오'Nein를 말했습니다.[2] 여기에 바르트와 브룬너의 차이뿐만 아니라, 바르트와 칼뱅의 차이도 나타납니다. 바르트는 엄격한 '그리스도 중심주의'를 취하여 계시에 관한 교리를 연구했습니다. 사실 바르트는 그리스도교 역사에서 가장 철저한 그리스도 중심의 신학자였습니다. 고전 전통에서 자연신학은 철학적으로 정당할 뿐만 아니라, 성서적으로도 정당화됩니다(예를 들어, 로마서 1:19-20). 자연신학이 근대에 철학적으로 문제가 된 다음, 바르트도 성서가 증언하듯이 자연신학이 그리스도 안에서 신의 계시와 근본적으로 모순된다고 논증하려 한 것입니다. 바르트가 보기에 우리는 그리스도 안에서의 계시가 없이는 신이 존재하는지조차 알 수 없습니다. 복음과 인간 이성 내지 경험 사이에는 "접촉점"Anknüpfungspunkt

---

2   Karl Barth and Emil Brunner, *Natural Theology, Comprising "Nature and Grace" by Professor Emil Brunner and the reply "No" by Dr. Karl Barth*, trans. Peter Fraenkel (London: Geoffrey Blis [Centenary], 1946). 『자연신학: 에밀 브룬너의 자연과 은혜와 칼 바르트의 아니오!』, 김동건 옮김, (서울: 대한기독교서회, 2021).

이 없습니다. 그리스도 안에서 신의 계시는 계시에 대한 믿음을 창출함으로써 그 고유의 접촉점을 만들어 냅니다. 이런 식으로 바르트는 철학과 얽힌 관계로부터 신학의 독립성을 확보하여, 신학이 자립할 수 있게 하였습니다. 신학에는 그리스도 안에서 신의 말씀을 순종적으로 듣는 것 외에 다른 과제는 없습니다.

바르트는 초기에 '변증법적 신학'에서, 인간의 문화, 철학, 종교가 어떤 식으로도 길들일 수 없는 신의 철저한 초월에 관한 주제를 강조했습니다. "단지 사람이 큰 소리로 말하는 것으로는 신에 대해 말할 수 **없습니다.**"[3] 이 시기에 그의 사상은 제1차 세계대전(1914-1918)을 통해 근대 문명의 실패와 그 환상이 드러난 데 대한 반응이었습니다. 나치가 독일에서 권력을 얻은 1930년대에 바르트 신학은 강조점을 전환하게 되었습니다. 바르트는 전쟁의 여파로 신의 타자성을 강조했었지만, 이제 그는 예수 그리스도 안에서 신의 유일한 자기-계시에 대한 확언으로 신의 초월에 대한 이러한 주장을 완화했습니다. 인간의 모든 주장과 생각에 전혀 좌우되지 않는 신은 주권적 자유로 그리스도 안에서 단번에 자신을 계시하기로 선택했습니다. 이 계시의 기쁜 소식은 "신이 인간을 위한다"[4]는 것입니다. 따라서 신의 심판에 대한 초기의 강조는

---

3   Barth, "The Word of God and the Task of the Ministry," in *The Word of God and the Word of Man*, trans. Douglas Horton (1928; reprint, Gloucester: Peter Smith, 1978), 196.

4   Barth, *Church Dogmatics*, 3.2 (Edinburgh: T. & T. Clark, 1960), 609. 『교회교의학』 III/2, 오영석·황정욱 옮김(서울: 대한기독교서회, 2017).

그리스도가 임마누엘, 곧 "신이 우리와 함께하신다"(마태복음 1:23)
라는 기쁜 어조로 대체되었습니다. 바르트는 이러한 신학의 힘을
통해, 나치 이데올로기가 개신교 교회들에 침투하는 것에 저항하
면서 독일 "고백 교회"를 이끌었습니다.

삼위일체 교리의 양태론적 해석을 주장하고 삼위일체에 대한
논의를 자신의 교의학의 부록에 둔 슐라이어마허와는 달리, 바르
트는 삼위일체론을 부흥시키려 했고 삼위일체론을 자신의 계시 교
리의 기초로 삼았습니다. 그는 또한 자신의 교의학의 시작부에서
삼위일체를 다룸으로써 슐라이어마허의 순서를 뒤집었습니다. "신
의 말씀은 그의 계시에서 신 자신입니다. 왜냐하면 신이 자신을 주
님으로서 계시하시기 때문이며, 성서에 따르면 이는 계시 개념에
관하여 신 자신이 오롯한 일체이자 또한 오롯한 구별로 계시자이
자, 계시이며, 계시되심을 의미하기 때문입니다."[5] 신은 자기-계시
에서 자신이 인격적임을 드러냅니다. 사실 신은 진정한 인격이나,
인간은 유비에 의해서만 인격입니다. 이는 자연신학에서 찾아볼
수 있는 '존재의 유비'가 아니라, '신앙의 유비'입니다(그리스어 본문에
따른 로마서 12:6). 신은 그저 신이 자신에 대해 계시한 그대로입니다.
그리스도 안에서 자신의 계시 뒤에 '숨어 계신' 신은 없습니다. "신
은 자신의 계시 활동 속의 바로 그"[6]이기 때문입니다.

---

5   Barth, *Church Dogmatics*, 1.1 (Edinburgh: T. & T. Clark, 1936), §8, p. 295.
     『교회교의학』 I/1, 박순경 옮김(서울: 대한기독교서회, 2003).

6   Barth, *Church Dogmatics*, 2.1 (Edinburgh: T. & T. Clark, 1957), §28, p. 257.

그리스도 안에서의 계시에만 신 지식을 제한하는 바르트의 철저한 그리스도 중심주의는 선택 교리에 대한 수정과 결부되어 있습니다. 바르트는 칼뱅의 이중 예정 교리를 거부했습니다. 그가 보기에, 그리스도 안에서의 신의 말씀에만 주의를 기울이는 신학자라면 인간을 구원하는 신의 의지 외에 다른 어떤 신의 작정을 긍정할 근거를 지니지 않습니다. 선택을 재해석하기 위한 중추적 구절은 에베소서 1:4입니다. "[신께서] 세계의 기초를 놓기 전에 예수 그리스도 안에서 우리를 택하셨다." 바르트의 해석에서 "우리"라는 단어는 모든 인류를 가리킵니다. 그 결과 복음의 내용이 다름 아닌 신이 인류를 위한다는 메시지이므로 바르트의 인식론적 그리스도 중심주의는 구원론적 보편주의^{보편구원론}를 동반합니다. 그리스도인과 비그리스도인의 차이는 전자가 구원을 받고 후자는 영벌을 받는다는 것이 아닙니다. 그리스도인은 이미 자신들이 구원받았음을 알지만, 비그리스도인들은 이 위대한 소식을 아직 알지 못한다는 것입니다! 바르트는 칼뱅이 이중 예정 교리를 제안할 때 이것이 복음 안에 계시된 "신의 인간성"과 모순되기 때문에, 통념과 약간 어긋난 자연신학에 참여했다고 비판했습니다.

우리가 신의 신성이 **인간성**을 배제하지 않고 오히려 포함한다는 점을 결정적으로 알게 되는 때는 예수 그리스도를 바라볼 때다. 칼뱅

『교회교의학』 II/1, 황정욱 옮김(서울: 대한기독교서회, 2010).

이 그의 그리스도론, 신론, 예정에 관한 가르침, 그리고 여기에 논리적으로 따라오는 윤리학에서 이 점을 힘차게 밀고 나갔더라면! 그랬다면 그의 제네바는 그렇게 우울한 분위기가 되지 않았을 것이다.[7]

바르트는 이중 예정을 거부했던 아르미니우스주의자들처럼, 제한 속죄 교리도 부정했습니다. 하지만 그들과는 달리, 그들이 부인한 다른 강조점들, 즉 죄의 깊은 부패, 무조건적인 선택, 불가항력적인 은혜, 성도의 견인은 간직하고 있었습니다. 그는 그리스도 안에서 신의 은총의 주권 교리를 통해 자신의 개혁파 전통의 가장 취약한 점을 수정했습니다. 이런 식으로 바르트는 예수 그리스도 안에서 신의 자기-계시 교리에서 이러한 신학적 객관성에 근거하여 자기 고유의 휴머니즘—이는 19세기에 반反신학자들의 열렬한 관심이었습니다—브랜드를 개발했습니다.

폴 틸리히와 궁극적 관심

바르트는 현대 무신론에 마음이 동요하지 않았지만, 폴 틸리히Paul Tillich, 1886-1965는 여기에 깊은 관심을 가졌고 자신의 언어로 이를 다

---

7   Barth, *The Humanity of God* (Atlanta: John Knox, 1982), 49. 『하나님의 인간성: 바르트 신학 전체를 조망하는 세 편의 논문』, 신준호 옮김(서울: 새물결플러스, 2017).

루려 했습니다. 바르트가 개혁파 전통을 수정했듯이, 그도 20세기의 종교적 상황에 말을 건네기에 알맞게 자신의 루터교 유산을 손질했습니다. 틸리히는 루터의 칭의 교리를 급진적으로 재해석함으로써, 신앙의 진정한 의미를 신선한 목소리로 이야기할 수 있는 방법을 발견했다고 생각했습니다. 틸리히는 그리스도교 역사에서 신앙의 의미가 주지주의, 주의주의, 주정주의로 왜곡되어서 신앙의 참된 의미가 모호해졌다고 비판했습니다. 신앙은 전인격의 중심을 이루는 행동으로, 단순히 지성, 의지, 감정과 동일시될 수 없습니다. 올바르게 이해된 "신앙은 궁극적 관심을 기울이는 상태입니다."[8]

틸리히는 "너는 마음을 다하고 뜻을 다하고 힘을 다하여 너의 신 야웨를 사랑하라"(신명기 6:5)는 대명령을 현대적으로 번역할 의도로 그렇게 정의했습니다. 그가 보기에 모든 사람은 신앙으로 삽니다. 자신이 이를 알든 모르든 말이죠. "'궁극적 관심'이라는 말은 주관적 의미와 객관적 의미를 결합합니다. 즉, 아무개가 자신이 관심이라고 여기는 것에 대해 관심한다는 것이죠. 이렇게 궁극적 관심으로서의 신앙이라는 형식적 의미에서, 모든 사람에겐 신앙이 있습니다."[9] 핵심 쟁점은 우리가 궁극적인 관심이 있

---

8   Paul Tillich, *Dynamics of Faith* (New York: Harper Torchbooks, 1957), 1. 『믿음의 역동성』, 최규택 옮김(서울: 그루터기하우스, 2005).

9   Tillich, *Systematic Theology*, 3 vols. in one (Chicago: University of Chicago Press, 1951, 1957, 1963), 3:130. 『조직신학』 1-5, 유장환 옮김(서울: 한들출판사, 2001-2010〔위 내용은 4권에 해당〕).

는지 여부가 아니라, 우리가 무엇에 궁극적으로 관심하는지입니다. 여기서 제기되는 물음은 우리의 주관적인 궁극적 관심 대상이 진정 궁극적인지입니다. 루터는『대교리 문답』에서 제일 계명에 대해 아래와 같이 설명했습니다.

신이란 우리가 모든 선한 것을 바라고 우리가 어려울 때마다 피난처를 찾는 신이다. 자신에게 신이 있다는 것은 신을 전심으로 믿고 신뢰한다는 것이다. 내가 종종 말했듯이, 오로지 마음의 신뢰와 믿음만이 신도 만들고 우상도 만든다. 만일 당신의 신앙과 신뢰가 옳다면, 당신의 신은 참 신이다. 반면 당신의 신뢰가 거짓이고 틀린 것이라면, 당신에게는 참 신이 없다. 왜냐하면 이 둘, 곧 신앙과 신은 한데 어우러져 있기 때문이다.[10]

틸리히가 루터의 요지를 수정한 것에서, 우상 숭배란 실제로는 궁극에 버금가는 것들이 궁극적 관심으로 격상된 일입니다. 우리가 궁극적으로 관심하는 것은 우리의 존재 또는 비존재와 관련이 있기 때문에, 신―존재 능력 자체이신 분―만이 유일한 신앙의 대상입니다.

---

[10]   *The Book of Concord: The Confessions of the Evangelical Lutheran Church*, trans. and ed. Theodore G. Tappert in collaboration with Jaroslav Pelikan, Robert H. Fischer, and Arthur C. Piepkorn (Philadelphia: Fortress Press, 1959), 365. 〔이 부분은『마르틴 루터 대교리문답』(최주훈 옮김, 서울: 복있는사람, 2017)에 실려 있습니다.〕

틸리히는 부적절한 신 개념이 현대 무신론 문제로도 이어졌다고 확신했습니다. 엄밀히 말해서 신은 "어떤 존재"가 결코 아닙니다. 이런 방식으로 말하는 것은 신을 유한한 주체-대상의 관계로 데려가서 신을 유한하게 만듭니다.

신의 존재는 존재-자체being-itself다. 신의 존재는 어떤 존재자가 다른 존재자들과 나란히 또는 다른 존재자들 위에 존재하는 것처럼 이해될 수 없다. 만일 신이 하나의 존재자라면, 그는 유한한 범주들에 속할 것이다. … 그를 "가장 완벽하며" "가장 강력한" 존재자라는 의미에서 "최고의 존재자"라고 부르더라도, 이러한 사태는 변하지 않는다. 최상급superlatives도 신에게 적용하면 지소사가diminutives된다. … 최고의 존재자에게 무한한 내지 무제한적인 힘과 의미를 귀속시킨다면, 그것은 하나의 존재자이기를 그치고 존재-자체가 된다. 만일 신을 무엇보다도 존재-자체 내지 존재의 근원the ground of being으로 이해한다면, 신에 관한 교리에서의 수많은 혼동들과 변증에서의 수많은 약점들을 피할 수 있을 것이다.[11]

몇몇 비평가들이 틸리히가 신이 하나의 존재자라는 점을 부인했다는 이유로 그가 무신론자라는 혐의를 제기했지만, 그가 의미한 바는 여러 고전 신학자들이 말했던 바와 사실 그렇게 다르지 않

---

11   Tillich, *Systematic Theology*, 1:235. 『조직신학』 1-5〔위 내용은 2권에 해당〕.

습니다. 이러한 신 교리의 결과로, 틸리히는 신에 대해 문자 그대로 말하는 언어가 있을 수 없다고 부인했습니다.[12] 신에 대한 우리의 언어는 모두 상징적입니다. 틸리히는 그가 신학의 언어를 "순전히 상징적"으로 만들었다는 반대에 대한 응답으로, 그러한 비판 자체가 우리의 기술 과학적 문화에서 상징 언어가 빈곤해졌음을 보여 주는 징후이며, 또한 그런 비판 자체가 오직 종교적 상징만이 조명할 수 있는 인간 실존의 깊은 차원을 통찰하지 못하고 있음을 무심결에 드러낸다고 대답했습니다.

슐라이어마허처럼 틸리히도 신에 대한 인격주의적 언어에 비판적이었습니다. 인격적 신은 "나-너"I-Thou 관계에서 우리 맞은편에 서 있지만, 존재의 근원으로서의 신은 우리와 분리되지 않습니다. 틸리히는 인격적 용어의 종교적 사용을 전적으로 거부하지는 않았지만, 그런 용어의 상징적 특성이 망각되고 문자 그대로 받아들여질 때 그런 용어를 반대했습니다. 그는 우리가 인격체로서 신과 인격적 관계를 맺어야 한다고 확언했지만, 신이 하나의 인격이라는 의미로 한 말은 아닙니다.

---

12   처음에 틸리히는 우리가 할 수 있는 신에 관한 하나의 비상징적 진술이 "신은 존재-자체다"라는 견해를 고수했습니다. 그는 나중에 이 견해를 수정하여, 우리가 말할 수 있는 유일한 비상징적인 것은 신에 대한 우리의 언어가 모두 상징적이라는 점이다라고 했습니다. 하지만 이는 엄밀히 말해 신에 대한 진술이 아니며, 신에 대한 우리의 언어에 관한 진술일 뿐입니다. 다음을 보십시오. Tillich, *Systematic Theology*, 1:238과 2:9. 『조직신학』 1-5〔각각 2권, 3권에 해당〕.

존재는 인격적 존재를 포함한다. 존재가 인격적 존재를 부정하지는 않는다. 존재의 근원은 인격적 존재의 근원이지, 그에 대한 부정이 아니다. … 종교적으로 말하자면, 이는 우리가 하나의 인격이신 신과 만난다는 것에는 모든 인격적인 것의 근원이시나 흔히 말하는 **하나의** 인격은 아닌 신과의 만남이 포함된다는 의미다.[13]

하지만 슐라이어마허와는 대조적으로, 틸리히는 신의 내적인 삶에 관한 삼위일체적 상징의 필요성을 긍정했습니다. 이런 측면에서, 그는 자신이 헤겔에 더 가깝다고 보았습니다. 틸리히는 슐라이어마허가 그리스도론과 관련해서만 삼위일체 교리를 이해하고 있다고 비판한 반면, 헤겔의 경우 그 함의를 정확히 파악했다고 보았습니다. "살아계신 신은 언제나 삼위일체 신이며, 그리스도론이 가능하기 전에도 삼위일체 신입니다. … 그분 자체는 죽은 일체oneness, 죽은 동일성이 아니지만, 그는 나가고 돌아오십니다."[14] 그리스도론적 이유로 삼위일체 교리를 거부한 유니테리언일위신론자들도 살아계신 신에 대한 상징을 긍정하는 한, 반드시 '삼위일체적'입니다.

틸리히는 바르트와 대조적으로, 소금의 가치가 있는 모든 신학에는 교회의 선포에 대한 올바른 해석을 결정하는 교의적 과제 외에도 변증의 과제 또는 그리스도교 신앙을 해명하고 옹호하는 일

---

13   Tillich, *Biblical Religion and the Search for Ultimate Reality*, 83.

14   Tillich, *A History of Christian Thought*, 408.

이 늘 포함된다고 주장했습니다.[15] 그는 "상관관계 방법론"을 개발했습니다. 그는 이를 통해 현대인들의 실존적 물음과 접촉하려 했고, 복음이 이러한 물음에 하나의 대답을 제공하는 것으로 들릴 수 있는 방식으로 복음 선포의 의미를 재진술하려 했습니다. 그는 이것이 신학이 역사적으로 작동해 온 방식이라고 생각했습니다. 실존적 문제가 운명이었고 죽음이었던 고대 세계에서, 복음은 영원한 로고스*logos*의 성육신을 통해서 하나의 답을 제공하는 것으로 (아타나시오스에 의해) 해석되었습니다. 영원한 형벌을 받을까 봐 두려워서 양심이 겁에 질렸던 중세 세계에서, 복음은 죄인이 자비로우신 신 앞에서 자신이 받아들여졌음을 확신하도록 (루터에 의해) 재진술되었습니다. 20세기에, 틸리히는 그 문제가 '신의 죽음' 앞에서 무의미하며 절망적임을 인식했습니다. 비존재의 위협은 더 이상 죽음이나 죄책감의 형태를 취하지 않고, 인간 실존에 궁극적 의미나 목적이 없다는 마음을 어지럽히는 의미로 나타납니다. 틸리히는 "의심과 무의미함이 함께 존재할 수 있는 식의 신앙이 있을까?"[16] 하고 물었습니다. 그는 복음이 현대인들에게 '좋은 소식'으로 받아들여지려면 그리스도교 신학이 이 문제를 직접적으로 다루어야 한다고 믿었습니다. 틸리히에게 앞으로 나아가는 길은 신앙에 대한 핵심 통찰을 궁극적 관심으로 파악하는 데 있습니다.

15   Tillich, *Systematic Theology*, 1:6-8.『조직신학』 1-5 (1권에 해당).

16   Tillich, *The Courage to Be* (New Haven and London: Yale University Press, 1952), 174.『존재의 용기』, 차성구 옮김 (서울: 예영커뮤니케이션, 2006).

우리의 궁극적 관심의 근본 상징은 신이다. 그것은 우리의 모든 신앙의 행위에 언제나 나타난다. 심지어 신앙의 행위가 신에 대한 부인을 포함하더라도 말이다. 궁극적 관심이 있는 곳에서 신은 신의 이름으로만 부인될 수 있다. 무신론은 결과적으로 모든 궁극적 관심을 제거하려는―자신의 실존의 의미에 대한 무관심을 유지하려는―시도만을 의미할 수 있을 뿐이다.[17]

루터가 우리가 의롭게 되었으나 또한 죄인이라는 역설을 확언했던 것처럼, 틸리히도 신앙이 신에 대해 의심하는 상태인 사람조차도 의롭게 한다고 주장함으로써 루터의 요지를 다음과 같이 재진술하려고 했습니다. "[비존재의 위협에 직면할] 루터적인 용기는 회복되지만, 그 용기는 심판하시고 용서하시는 어떤 신에 대한 믿음으로 뒷받침되지는 않는다."[18]

H. 리처드 니버의 철저한 신앙

H. 리처드 리버 Richard Niebuhr, 1894-1962는 트뢸치의 역사주의에 큰 영향을 받았습니다. 니버는 19세기 신학에 대한 바르트의 비판 중 많

---

17   Tillich, *Dynamics of Faith*, 45.

18   Tillich, *The Courage to Be*, 189-190.

은 부분을 공유했으면서도, 칸트와 슐라이어마허의 접근법과 연속선상에 서 있었고, 그만큼 도덕적 삶과 신에 대한 종교적 믿음이 함의하는 바에 매우 관심을 두었습니다. 니버는 바르트와는 달리, 그리스도 중심적 계시 교리가 신의 객관성과 초월을 보존하는 유일한 길이라고 생각하지 않았습니다. 그 대신 그는 신에 대한 철저한 신앙의 의미, 또는 그의 말로 하면 "철저한 유일신론"radical monotheism, 급진적 유일신론의 의미를 명확히 하려 했습니다.

니버에게 '신앙'은 양면적 개념입니다. 신앙은 확신confidence과 신의fidelity를 모두 의미합니다. 바르트와 마찬가지로 니버는 종교라는 개념을 신앙을 해석하기 위한 넓은 의미의 범주로 사용하지 않았습니다. 틸리히와 같이 니버는 모든 사람이 신앙으로 산다고 확신했습니다. 신앙의 현상은 종교적 영역에 국한되지 않고 과학과 정치 영역을 비롯한 인간 생활의 모든 영역에 나타납니다. 오늘날 진짜 문제는 종교 간 갈등도 아니고, 세속주의에 대한 종교의 투쟁도 아닙니다. 오히려 핵심 쟁점은 세 가지 유형의 신앙 중 선택하는 문제입니다. 다신론, 택일신론, 그리고 철저한 유일신론 가운데서 말이죠. 니버는 종교사에서 유래한 이 용어들을 우리의 삶을 구성하는 다양한 가치의 핵심을 나타내기 위한 비신화적 의미로 사용했습니다. 따라서 "신들"은 초자연적 존재가 아닌, "가치의 핵심과 헌신의 대상"을 가리킵니다.[19]

---

19 H. Richard Niebuhr, *Radical Monotheism and Western Culture with Supplementary Essays* (New York: Harper Torchbooks, 1960), 11, 23.

택일신론자는 무리 안에서의 집단적 신앙을 가지고 있습니다. 그 무리가 가족일 수도 있고, 종족이나 국가, 인종, 문명일 수도 있습니다. 다신론은 집단적 신앙이 좌절되었을 때 등장합니다. 이 때 충성과 확신의 대상이 다양해집니다. 일반적으로, 사람들은 대부분 실천적 다신론자입니다. 말로는 유일신 신조를 고백하더라도 말이죠. "그들은 때로는 예수의 신을 위해 살고, 때로는 조국을 위해, 때로는 예일 대학교를 위해 삽니다."[20] 철저한 유일신론은 택일신론 및 다신론과 확연히 다릅니다. 왜냐하면 철저한 유일신론은 "여럿 중 하나의 실재가 아니라 모든 여럿 너머의 하나를 지시합니다. 거기에서 다른 모든 여럿이 자신들의 존재를 얻고, 그 하나에 참여함으로써 다른 모든 여럿이 현존합니다." 니버는 이렇게 말합니다.

그것(철저한 유일신론)은 존재하는 것은 무엇이든 선하다는 확신이다. 왜냐하면 존재하는 것은 무엇이든, 모든 것이 일자—가치의 원리이기도 한 존재의 원리—안에 자신의 기원과 존재를 갖는 여럿 중 하나로 존재하기 때문이다. 유일신론이 존재의 원리와 가치의 원리를 구분한다면 철저한 유일신론이 아니다. 그러한 구분은 모든 존재자가 일자에게 자기 존재를 절대적으로 의존한다고 인정하면서도, 오직 일부의 존재자들만이 가치를 지니고 있다고 평가하게 한

---

20 H. Richard Niebuhr, *The Meaning of Revelation* (New York: Macmillan, 1941), 57.

다. 혹은 종교적인 언어로 말해서 창조주와 은총의 신이 동일하지 않다면 철저한 유일신론이 아니다.[21]

가치의 원리로서의 존재의 원리에 대한 확신에 상응하는 것은 존재의 영역에 가치가 있음을 신뢰하는 존재의 영역에 대한 충실성 loyalty입니다. 신을 만물의 선한 창조주로 믿는 신앙은 신이 창조한 선한 창조물(만물을 아우르는)에 대한 신의를 동반합니다. 따라서 "적들도 존재의 영역의 동료 시민으로서 충실성을 받을 자격이 있습니다." 왜냐하면 "나의 적도 존재에 있어서는 나의 동무"이기 때문입니다(마태복음 5:43-45).[22]

철저한 유일신론의 기준에 따라 판단하면, 공식적으로는 유일신론인 종교들도 택일신론의 형태로 보일 것입니다. 그리스도인들은 유대교가 한 민족의 종교라는 이유로 특수주의라고 비판하고 싶어 하지만, 그리스도교에도 다른 형태이긴 해도 유일신론이 집단적 택일신론에 허덕이는 모습이 나타납니다. 개신교에서는 택일신론이 그리스도 중심적 형태를 띠지만, 가톨릭에서는 교회 중심적 형태로 나타납니다. "어떤 종교개혁도 개혁되어 있지 않고, 어떤 가톨릭 교회도 모든 것을 포괄하고 있지 않습니다.* 여럿 너머의 하나는 여럿 중 하나와 계속해서 혼동되고 있습니

21 Niebuhr, *Radical Monotheism and Western Culture*, 32.

22 Niebuhr, *Radical Monotheism and Western Culture*, 38, 34.

● '가톨릭'이라는 단어는 '보편적', 즉 '모든 것을 포괄하는'을 의미합니다.

다."[23] 니버가 역사주의적으로 계시의 의미를 재구성한 것에서, 그리스도인들은 철저한 신앙을 끌어낸 역사 속 사건들을 가리키거나 '고백'합니다. "예수는 철저한 신앙의 성육신^{구현}을 나타냅니다." 하지만 그리스도인들은 자신들의 역사의 특수성과 예수가 계시한 신의 보편성을 혼동해서는 안 됩니다.[24]

니버는 삼위일체론의 에큐메니컬적 의미를 독특하게 해석합니다. 그리스도교가 삼신론적이라는 비판에 관하여, 니버는 "하나의 전체로서 그리스도교가 세 개의 일위신론—位神論, unitarianism 종교가 느슨하게 뭉친 하나의 협회association일 가능성이 크다고 말하는 것이 사실에 더 가까워 보인다"[25]라고 말했습니다. 먼저 성부 일위신론 있는데, 아리우스주의, 단일신론^{군주신론}, 이신론, 그리고 교파적 의미에서의 '유니테리언주의'Unitarianism는 모두 이 유형의 예입니다. 이러한 집단들은 만물의 원인인 존재의 원리를 숭배하는 경향이 있습니다. 신은 자연의 힘이지만, 이 힘이 선한지는 의문입니다. 두 번째 유형인 성자 일위신론에서는 신이 구속자 내지 가치의 원리입니다. 마르키온과 바르트는 이런 유형의 전형입니다.

---

23   Niebuhr, *Radical Monotheism and Western Culture*, 56.

24   Niebuhr, *Radical Monotheism and Western Culture*, 42.

25   H. Richard Niebuhr, "The Doctrine of the Trinity and the Unity of the Church," in *H. Richard Niebuhr: Theology, History, and Culture*, ed. William Stacy Johnson (New Haven and London: Yale University Press, 1996), 52. 또한 다음의 훌륭한 글도 보십시오. Douglas F. Ottati, "The Sense the Trinity Makes," in *Hopeful Realism: Reclaiming the Poetry of Theology* (Cleveland: Pilgrim, 1999), 39-50.

신은 인간 역사와 그 구원 역사의 신이나, 그런 선한 신이 능력이 있는지는 의문입니다. 그다음 성령 일위신론이 있습니다. 이는 이를테면 신비주의에서, 종교적 열광의 부흥에서, 그리고 인간의 창조적 정신이 사실상 신격화된 근대 철학에서 볼 수 있습니다. 각 형태의 일위신론은 그 자체로 불충분하며, 다른 형태로부터 비판을 기꺼이 수용해야 합니다. 삼위일체적인 신론은 다양한 형태의 일위신론과 달리 신을 단 하나의 역할과 동일시하지 않습니다. 니버는 철저한 유일신론과 삼위일체론 문제를 이렇게 재구성하면서, 그리스도교 안에서의 수많은 차이와 역사적 갈등에 다리를 놓으려 했습니다.

새로운 도전과 의제들

과정 신학 Process Theology. 과정 신학은 20세기에 신 문제에 관한 철학적 접근에 가장 독창적으로 기여했습니다. 과정 신학은 알프레드 노스 화이트헤드 Alfred North Whitehead, 1861-1947 의 철학에 기초하고 있으며, 이후 찰스 하트숀 Charles Hartshorne, 1897-2000 이 과정 철학의 신학적 함의에 관하여 훨씬 상세하게 다듬었습니다. 화이트헤드는 인간의 경험이 실재의 본성에 대한 최고의 실마리라는 전제에서 출발하는 형이상학을 제안했습니다. 그는 칸트가 흄을 따라 '감각 경험'이라는 제한적 경험 개념을 연구했다고 생각했습니다. 근대 철학의 큰 문제가 바로 이렇게 경험을 감각 자료의 전달로 축소한 것입니다. 하지만 이렇게 축소하면 인지적 의미에 관한 경험의 정서적, 예술적, 도덕적, 종교적 차원이 사라집니다. 근대의 과학적 유물론은 완전히 구체적인 경험을 추상적인 것으로 대체하는 이러한 철학적 오류를 토대로 합니다. 칸트가 지식을 감각 자료와 개념의 조합으로 제한한 것은 이러한 오류에 기초한 것입니다. 과정 철학은 칸트가 이성의 부당한 사용이라며 형이상학을 거부하게 만든 문제와 물음의 해결책으로 의도된 것입니다. 화이트헤드는 경험을 두 가지 형태로 구분했습니다. 감각 경험("현시적 직접성 presentational immediacy의 양태로 하는 경험")과 "느껴진" 경험("인과적 효과성 causal efficacy의 양태로 하는 경험")으로 말이죠. 그의 견해에 따르면, 모든 실재는 "경험의 계기들"로 이루어집니다. 경험은 그것에 선행하는 것과의 관계들로 구성됩니다. 각각의 경험의 순간들은 과거를 "파악"prehend하거나 느끼고 이렇게 과거로부터 이어진 것을 새로운 "초기 목표" 내지 목적과 통합합니다. 이 목표는 늘 생성의 과정에 새로움을 도입합니다. 신은 각각의 새로운 경험의 순간에 대해 적절한 가능성을 선택하는 형이상학적 원리입니다.

신은 일반적인 형이상학 범주들에 대한 하나의 예외로 간주되어서는 안 됩니다. 이는 과정 사상가들이 신 및 세상과 관련된 형이상학적 범주들을 일의적 의미로 사용하고 있다는 뜻입니다. 이런 틀에서 신의 자존성 개념은 아무런 의미가 없는데, 왜냐하면 관계를 떠나서는 아무것도 존재하지 않기 때문입니다. 신은 "내적 관계들"을 지닙니다. 즉 세상에서 일어나는 일은 신에게 영향을 미칩니다. 따라서 과정 신학은 신이 불변하며 무감수적이라는 생각을 거부합니다. 화이트헤드는 신 안에 있는 "원초적 본성" primordial nature과 "결과적 본성"consequent nature에 대해 말했습니다. 원초적 본성은 가능 영역의 신에 의한 영원한 구상이고, 결과적 본성은 신 자신의 경험 속에서 세계의 완성입니다. 하트숀은 신의 '존재'와 신의 '현실성'을 구분했습니다. 전자는 신의 불변하는 추상적 성품을 가리키고, 후자는 신의 구체적 경험을 가리킵니다. 신의 구체적 경험은 매 순간 새롭습니다.[26] 과정 신학에서 '창조성'은 형이상학적 궁극입니다. 또한 신과 세계는 서로를 요구합니다. 화이트헤드는 이렇게 설명합니다. "신도 세계도 정적인 완성에 이르지 못한다. 둘 다 궁극적인 형이상학적 근거, 새로움을 향한 창조적 진전의 수중grip에 있다. 신과 세상은 각자 서로에게 새로움의 도구다."[27] 미래는 진정으로 신에게 열려 있는데, 왜냐하면 신은 미래 사건에 대한 예지가 없기 때문입니다. 더욱이 신은 어떤 사태를 초래하는 능력을 일방적으로 행사할 수 없습니다. 신의 능력은 설득이지 강제가 아닙니다. 신은 전능하지 않습니다.

---

26 Charles Hartshorne, *The Divine Relativity: A Social Conception of God* (New Haven and London: Yale University Press, 1948).

27 Alfred North Whitehead, *Process and Reality*, corrected ed., ed. David Ray Griffin and Donald W. Sherburne (New York and London: Free, 1978), 349. 『과정과 실재: 유기체적 세계관의 구상』, 오영환 옮김(서울: 민음사, 2003).

과정 신학은 신이 선재하는 혼돈에 질서를 가져가는 '데미우르고스'demiurge인 플라톤의 비전과 비슷합니다. 두 관점에서 세계는 신이 '무로부터' 창조한 것이 아닙니다. 근대 종교 사상과 관련하여 보면, 과정 신학은 초월(이신론에서와 같이)과 내재(범신론에서와 같이)의 극단 사이에서 의미를 추구하는 '범재신론'panentheism(문자 그대로 '신 안에 모든 것이 있음')의 한 예입니다. 신의 존재는 세계를 포함하나, 세계에 의해 고갈되지 않습니다. 이런 이유로 과정 신학은 헤겔의 정신의 신학과도 비교됩니다. 더욱이 두 관점 모두 명백히 신에 관하여 말하는 형이상학적 방식입니다.

화이트헤드의 철학은 다음과 같은 두 가지 주요한 이유로 신학자들에게 흥미롭습니다. 첫째, 이 철학은 근대 과학적 지식을 완전히 고려한 유신론적 형이상학을 제시합니다. 둘째, 고전 그리스도교 신학은 그리스 철학의 형이상학적 가정들과 함께 작동해 왔는데, 화이트헤드의 철학은 이런 가정들에서 벗어나서 신을 그려보는 새로운 방식을 제안합니다.

과정 신학자들이 보기에 고전 신학의 큰 실수는 신의 본성과 관련된 그리스 철학의 가정들을 무비판적으로 차용한 점입니다. 이런 생각은 신이 인격적이며 사랑하신다는 그리스도교의 주장을 이해하기 불가능하게 만듭니다. 사랑은 정의상 타자의 영향을 받는 능력을 의미합니다. 화이트헤드는 이렇게 씁니다. "세계가 그리스도교를 받아들였을 때, 카이사르는 정복했다. … 겸손에 대한 갈릴리 사람의 짧막한 비전이 온 시대에 아른거린다. 교회는 오로지 카이사르에게만 속했던 속성들을 신에게 부여했다."[28] 이런 까닭에 과정 신학자들은 화이트헤드의 형이상학이 예수 안에서 알려진 신에 대한 종교적 핵심 확언들이 이치에 닿게 하는 개념성을 제공한다고 생각했습니다.[29] 게다가 이들은 근대의 무신론이 부분적으로, 신이 모든 사건에 대한 전능한 결정자라고 가르친 고전 유신론의 견해에 대한 반발이라고 생각했습니다. 그러한 견해는 인간의 자유의 실재성과 인간 역사의 유의미성을 부정합니다.[30] 과정 신학자들은 또한 형이상학적 쟁점들에 명시적 주의 없이도 신학 하는 것이 가능하다는 데 이의를 제기합니다. 모든 신학자는, 심지어 자신의 신학 방법에서 형이상학을 거부한 신학자들(예를 들어, 슐라이어마허나 바르트)도 자신이 해석한 그리스도교 신앙에서 형이상학적 개념들을 전제하고 있기 때문입니다.[31]

해방 신학 Liberation theology. 해방 신학은 주로 전통 그리스도교 신학이 사회 경제적 지배와 압제 체제에 동의하고 있다고 윤리적으로

---

28   Whitehead, *Process and Reality*, 342.

29   Daniel Day Williams, *The Spirit and the Forms of Love* (New York: Harper and Row, 1968).

30   Schubert M. Ogden, "The Reality of God," in *The Reality of God and Other Essays* (New York: Harper and Row, 1977), 1-70.

31   John B. Cobb Jr., *A Christian Natural Theology based on the Thought of Alfred North Whitehead* (Philadelphia: Westminster, 1965), 252-284; see also Cobb's *Living Options in Protestant Theology: A Survey of Methods* (Philadelphia: Westminster, 1962; reprint, Lanham: University Press of America, 1986), 312-323.

비판하는 관점에서 신 개념을 연구해 왔습니다. 이 운동의 영감은 페루의 로마 가톨릭 신학자 구스타보 구티에레즈 Gustavo Gutiérrez, 1928-에게서 나왔습니다. 그는 1971년에 이 운동의 토대가 되는『해방 신학』 A Theology of Liberation 이라는 책을 영어로 출간했습니다. 해방 신학은 교리보다 실천에, 즉 이 땅의 가난한 사람과 짓밟힌 사람들을 위한 자기 비판적 참여에 초점을 맞춘 관점을 설명합니다. 유럽과 북아메리카에서 현대 신학이 주로 불신자의 곤경을 다루는 데 관심을 둔 반면, 해방 신학자들은 투명 인간 취급받는 사람, 스스로 먹을 것과 입을 것을 해결할 충분한 수단이 없는 사람에게 관심을 돌립니다. 이 신학은 과거 식민지의 여파로 여전히 고통을 겪고 있는 소위 제삼 세계가 서구 신학에 가하는 근본적 도전을 보여 줍니다. 해방 신학자들은 신을 섬기는 것이 이웃을 위한 정의와 불가분하게 묶여 있다고 본 고대 이스라엘 예언자들의 유산을 되찾아 오고 있습니다(미가 6:8; 이사야 57:6-7). "성서 계시의 신은 인간 간의 정의를 통해 알려집니다. 정의가 존재하지 않는 곳에서는 신도 알려지지 않습니다."[32] 신약성서에서 예수는 가난한 자, 작은 자와 자신을 동일시하는 이, 배고픈 이에게 먹을 것을 주는 이, 부유한 자에게 심판을 선고하는 이로 그려집니다. 게다가 도움이 필요한 이들을 돕기를 거절하는 제자들에게 다음과 같은 판정을 내

---

[32]   Gustavo Gutiérez, *A Theology of Liberation*, 15th Anniversary ed., trans. Sister Caridad Inda and John Eagleson (Maryknoll: Orbis, 1988), 111.『해방 신학: 역사와 정치와 구원』, 성염 옮김(칠곡군: 분도출판사, 2000. 1판 번역본).

립니다. "이 지극히 작은 자 하나에게 하지 아니한 것이 곧 내게 하지 아니한 것이니라"(마태복음 25:45). 예수를 닮기를 원하는 그리스도인들은 억압받는 자들과 연대하여 압제자들에게 맞서는 예수와 동일한 자세를 취해야 합니다.

해방 신학자들은 그리스도교가 콘스탄티누스 통치 아래 공인되면서 사회의 불의에 대한 예언자적 비판을 상실하게 되었다고 주장합니다. 그리스도교 국가 시기 동안 신학은 통치 권력의 그늘에 있어서, 마르크스적 의미에서의 하나의 '이데올로기'로 전락했습니다. 해방 신학자들은 마르크스의 비판적 사회 분석 방법이 모든 종교를 "인민의 아편"으로 보는 마르크스의 견해와 구분될 수 있다고 주장했습니다. 해방 신학은 성서의 진정한 의미가 신이 압제된 이들을 해방한다는 메시지임을 보여 줌으로써, 마르크스의 주장에 응해 왔습니다. 내세의 구원에 초점을 맞춘 대다수의 전통 그리스도교 신학과는 달리, 이 신학은 이생에서 경제적·정치적 상황의 변혁을 분명하게 지향합니다. 해방 신학자들은 이 세상에서 불공평의 고통을 참는 자가 오는 세상에서 보상받는다고 가르침으로써 압제 상황을 정당화하려고 복음을 왜곡한 다른 신학들의 사회적 위치와 이데올로기적 역할을 폭로하기 위해 마르크스주의의 분석을 사용해 왔습니다. 해방 신학은 대다수의 인구가 비참한 빈곤에 허덕이는 라틴아메리카에서 등장했지만, 북아메리카에서도 자리를 잡았습니다. 북아메리카에서는 압제당하는 소수가 인종차별, 성차별, 이성애주의heterosexism를 비롯하여 지배 문화가 가하는 압제에 맞서 싸우는 이들의 존엄성을 지키기 위한 목적에 맞게 해방 신학을 수정하였습니다.

흑인 신학 Black Theology. 제임스 H. 콘James H. Cone, 1938-2018은 해방 신학이 등장하기 전부터 미합중국에서 아프리카계 미국인의 경험에 관한 신학적 함의를 숙고하기 시작했습니다. 그는 백인 신학자들이 도시 반대편에 있는 흑인 신학자들보다 지구 반대편 라틴아메리카 신학자들과 대화하는 데 더 관심이 많다고 호통쳤습니다. 노예제 역사 때문에 흑인 신학은 미국 안에서 신학에 독특한 도전을 가했습니다. 아이러니하게도, 노예들은 그리스도교 신앙과 노예 제도 사이에서 아무런 모순도 느끼지 못한 주인들의 가르침을 통해 처음 복음을 받아들이게 되었습니다. 사실 성서는 노예들이 자기 주인에게 복종해야 한다고 명시적으로 가르칩니다(에베소서 6:5-8; 베드로전서 2:18-21). 남북전쟁 기간에 백인 그리스도인들은 성서의 신적 영감에 관한 신념에 근거하여 노예 제도가 신의 뜻에 상충하지 않는다고 주장했습니다. 하지만 노예들은 성서 가르침의 또 다른 가닥을 붙들었습니다. 이집트로부터 탈출한 이야기를 통해, 노예들은 신이 노예 상태로부터의 해방에 관심한다는 것을 배웠습니다(출애굽기 3:7-10). 또한 그리스도 안에는 "노예도 자유인도 없습니다"(갈라디아서 3:28). 여기보다 윤리와 관련된 성서 해석학적 문제가 첨예하게 대립한 곳은 없었습니다.

콘의 신학 연구 이력은 칼 바르트에게 매우 영향을 받으면서 시작했습니다. 콘은 신이 **억압당하는** 인간을 위한다고 주장함으로써 신이 인간을 위한다는 바르트의 복음 이해를 수정했습니다. 그러면서 그의 사상은 두 가지 핵심 쟁점─성서와 그리스도론─에서 바르트의 방법을 떠났습니다. 콘은 여전히 성서를 진지하게 받아들였지만, 더 이상 성서를 신의 진리를 담은 유일한 보고로 여기지는 않았습니다.

> 나는 여전히 성서를 내 신학적 숙고의 중요한 원천an important source으로 여기지만, 출발점the starting point으로 여기지는 않는다. 흑인의 경험과 성서는 변증법적 긴장 속에서 함께 나의 출발점으로 역할 한다. 그 순서가 중요하다. 나는 우선 흑인이다─그리고 다른 모든 것은 그다음이다. 이는 내가 성서를 객관적인 신의 말씀으로 읽는 게 아니라, 분투하는 흑인 전통의 렌즈를 통해 읽는다는 의미다. 따라서 성서는 다른 중요한 증언들과 마찬가지로, 인간의 문제에서 신이 권능을 주는 현전에 대한 하나의 증언이다. 다른 증언들로는 아프리카계 미국인의 경험에 관한 성스러운 문서들이 있다.[33]

그의 생각에서 이러한 전환은 부분적으로 성서가 억압된 이의 해방에 대해 분명하게 말하지 않는다고 인식한 결과입니다. 그리스도론에 관하여 콘은 예수에 대한 신학적 숙고가 중요하다고 생각

---

33   James H. Cone, "Preface to the 1997 Edition," in *God of the Oppressed*, revised edition (Maryknoll: Orbis, 1997), xi. 『눌린자의 하느님』, 현영학 옮김(서울: 이화여자대학교 출판부, 1980).

합니다. 하지만 그가 중요하게 여긴 예수는 "니케아와 칼케돈의" 그리스도가 아니며, "루터와 칼뱅과 바르트의" 그리스도도 아닙니다. 그는 이렇게 설명합니다. "나는 이제 예수가 신의 **유일한** 계시인 것처럼 신학 할 수 없다. 오히려 그는 여러 계시 사건 중 하나의 중요한 계시 사건이다."[34] 바르트의 관점에서 보면, 콘은 자연신학이라는 대죄를 저지른 셈입니다. 하지만 콘에게 "아우구스티누스에서 바르트에 이르는 서구 신학 전통은" 흑인의 상황에 직접적으로 적용할 수 없는데, "왜냐하면 우리의 경험이" "내 백인 동료들의 경험과 다르기 때문입니다."[35] 여기서 **경험**이라는 말은 (슐라이어마허나 틸리히 같이) 종교적 차원에서 인간에게 공통적인 경험에 대해 추상적으로 말했던 이전의 신학보다 훨씬 더 특수하고, 특정하고, 구체적인 의미를 담고 있습니다.

페미니스트 신학 Feminist Theology. 페미니스트 신학은 전통 신학에 대한 윤리적 비평에 관하여 같은 선상에 있습니다. 페미니스트들은 그리스도교 전통의 가부장적이고 성차별적인 성격을 지적합니다. 오늘날에 이르기까지, 동방 정교회와 로마 가톨릭에서는 그리스도가 남성이었으며 따라서 성직자로서 그를 대리하는 이들도 남성이어야 한다는 이유로 여성 서품을 거부합니다. 또다시 성서에 대한 해석학적 문제에 주목하게 됩니다. 성서는 여성이 남성에게

---

34   Cone, *God of the Oppressed*, xiii-xiv.

35   Cone, *God of the Oppressed*, 3.

종속된다고 분명하게 가르칩니다(고린도전서 11:2, 7-9; 14:34-35; 에베소서 5:22-24; 디모데전서 2:11-15; 베드로전서 3:1-6). 만일 성서를 기록된 신의 말씀으로 믿는다면, 가부장적인 사회적 합의들은 신적으로 인가된 것입니다. 하지만 여성이 남성에게 종속되어야 한다는 권고와 조화되기 어려운 또 다른 사상도 성서에 있습니다. 그리스도 안에는 "남자도 여자도 없다"(갈라디아서 3:28)는 것이죠.

페미니스트 신학자들은 성서와 교회 전통에서 발견되는 신에 관한 언어가 '한쪽 성만 반영된 담론'이라고 비판해 왔습니다. 남성 이미지(주lord, 아버지, 왕)는 물론 남성 대명사(그, 그의)를 두드러지게 사용한 것은 그것들이 지닌 정치적이고 사회적인 함의의 측면에서 중립적이지 않습니다. 메리 데일리 Mary Daly, 1928-2010가 주장했듯이, "만일 신이 남성이라면, 남성은 신입니다."[36] 그럼에도 불구하고, 페미니스트 주해가들은 성서 유산에서 무시되었던 차원을 지적했습니다. 즉 성서에서 신을 묘사하기 위해 여성적 심상이 언급되었던 곳을 가리켰습니다(이사야 42:14b; 46:3-4; 49:15; 66:13). 페

---

36 Mary Daly, *Beyond God the Father: Toward a Philosophy of Women's Liberation* (Boston: Beacon, 1985), 19. 『하나님 아버지를 넘어서: 여성들의 해방 철학을 향하여』, 황혜숙 옮김(서울: 이화여자대학교출판부, 1996). 폴 틸리히는 이미 1951년에 이렇게 썼습니다. "신과 사람(man)의 관계에 관한 인격주의적 상징들에 대한 심리학과 사회학의 비판을 신학자들은 진지하게 받아들여야 한다. 주님과 아버지라는 상징을 전통적인 방식으로 사용함으로써 말미암은 심리적 귀결들을 보여 주는 충격적인 통찰들에 신학자들과 설교자들이 귀 기울이려 하지 않기 때문에, 이 두 개의 핵심 상징이 많은 사람에게 걸림돌로 작용한다는 점을 인정해야 한다." *Systematic Theology*, 1:288. 『조직신학』 1-5(2권에 해당).

미니스트 신학자들은 또한 신이 의인화된 신적 지혜에 관한 성서의 개념을 드높였습니다(예를 들어, 잠언 8장, 고린도전서 1:24). 왜냐하면 히브리어와 헬라어 모두 **지혜**가 여성 명사이기 때문입니다. 또 다른 페미니스트 신학자들은 지배적 전통에서 발견되는 것들에 대한 대안적인 은유를 사용하는 일의 신학적 함의들을 탐구했습니다. 예를 들어, 세계에 대한 은유로 신의 몸을, 신에 대한 은유로 어머니, 애인, 친구를 사용하는 것입니다.[37] 그리고 페미니스트 역사학자들은 여성이 큰 역할을 했던 그리스도교의 신비주의 전통(예를 들어, 노리치의 줄리안)을 회복하기 위해 노력했습니다.

　삼위일체론은 페미니스트 신학자들에게 양날의 검입니다. 몇몇 신학자들은 신 안에서의 삼위일체적 관계들에 관한 개념을 신의 본질적인 관계성을 보여 주는 것으로, 창조적으로 사용했습니다.[38] 그러나 다른 신학자들이 삼위일체 형식trinitarian formula을 '창조주, 그리스도, 성령'으로 고치자고 제안하자, 이에 반대하는 비평이 제기되었습니다. '아버지, 아들, 성령'은 신적으로 계시된 이름

37　Sallie McFague, *Models of God: Theology for an Ecological, Nuclear Age* (Philadelphia: Fortress Press, 1987), 69-180. 『어머니, 연인, 친구: 생태학적 핵시대와 하나님의 세 모델』, 정애성 옮김(서울: 뜰밖, 2006).

38　고전적 삼위일체 교리를 페미니트스적으로 복원하여 재형성한 좋은 예로는 다음을 보십시오. Elizabeth A. Johnson, *She Who Is: The Mystery of God in Feminist Theological Discourse* (New York: Crossroad, 1996). 『하느님의 백한 번째 이름: 하느님 신비에 관한 여성신학적 논의』, 함세웅 옮김(서울: 바오로딸, 2000). 관련된 논의로는 Catherine Mowry LaCugna, *God for Us: The Trinity and Christian Life* (San Francisco: HarperCollins, 1991)를 보십시오.

이므로, 신의 역할을 나열한 양태론적 방식으로 대체될 수 없다고 주장하면서 말이죠.[39] 일부 페미니스트 신학자들은 그리스도교 교회가 절망적일 정도로 가부장적이라는 이유로 교회를 떠났습니다. 그리고 자신들의 입장을 기술하기 위해 "후기-그리스도인"post-Christian이라는 이름을 붙였습니다.[40] 그러나 노예 제도가 남긴 유산 및 교회가 이 유산에 가담한 행태와 맞서 싸워야 하는 흑인 신학자들처럼, 그리스도교 페미니스트들은 교회의 성차별적 과거와 복음의 해방하는 메시지를 구분해 내려 합니다. 이 두 집단이 볼 때 성서와 교회의 전통은 매우 애매하기에, 정의를 향한 신의 뜻이라는 규범에 따라 걸러져야 할 필요가 있습니다. 모든 사람을 위해서 말이죠.

몰트만의 삼위일체론. 최근의 신학은 삼위일체론에 대한 관심이 다시 일어나고 있음을 보여 줍니다. 바르트의 영향 외에도, 독일 예수회의 칼 라너Jesuit Karl Rahner, 1904-1984의 중요한 기여도 이러한 삼위일체 신학의 부흥에 이바지했는데, 다음과 같은 유명한 공리에 잘 나타나 있습니다. "구원의 경륜과 역사에서의 삼위일체는 내재적 삼

---

39 다음은 양쪽의 입장과 관련된 쟁점을 논합니다. Ted Peters, *God as Trinity: Relationality and Temporality in Divine Life* (Louisville: Westminster John Knox, 1993), 46-55. 루터가 세례식에서 삼위일체 형식을 고집하지 않은 점은 주목할 만합니다. "The Babylonian Captivity of the Church," in *Three Treatises*, 185-186.

40 Daphne Hampson, *After Christianity* (Valley Forge: Trinity International, 1996).

위일체다."[41] 그럼에도 불구하고, 위르겐 몰트만Jürgen Moltmann, 1926- 은 바르트와 라너가 양태론을 취했다고 비난했습니다. 고대 교회는 신을 '최고의 실체'로 규정했지만, 현대 신학은 신을 '절대 주체'로 정의해 왔습니다. 바르트는 삼위일체의 인격을 신 안에서 세 가지 '존재 양태'로 해석했고, 라너는 삼위일체의 인격을 신이 우리에게 나타나는 세 가지 '현전 양태'로 말했습니다.[42] 몰트만에 따르면, 두 신학자는 모두 신의 주권 안에서의 신적 일치를 확립했습니다. 그러니까 신을 단일한 자기-동일적 주체로 보았다는 의미입니다.

> 우리가 신의 주권을 아버지, 아들, 성령의 주권으로 이해하기 위하여 삼위일체에서 시작하는가, 아니면 신의 주권을 삼위일체 교리에 의해 한 분이신 신의 주권으로 확립하기 위하여 신의 주권에서 출발하는가 하는 점은 신론에서 결정적으로 중요하다.[43]

이런 이유로 이 신학들이 '유일신론적'이지, 진정으로 삼위일체론

41   Karl Rahner, *Foundations of Christian Faith: An Introduction to the Idea of Christianity*, trans. William V. Dych (New York: Crossroad, 1986), 136-137. 『그리스도교 신앙 입문: 現代 가톨릭 神學 基礎論』, 이봉우 옮김(칠곡: 분도출판사, 1994).

42   Barth, *Church Dogmatics* 1.1, p. 355: Rahner, *Foundations of Christian Faith*, 136-137.

43   Jürgen Moltmann, *The Trinity and the Kingdom: The Doctrine of God*, trans. Margaret Kohl (Minneapolis: Fortress Press, 1993), 140. 『삼위일체와 하나님의 나라: 삼위일체론적 신론을 위하여』, 김균진 옮김(서울: 대한기독교서회, 2017).

적이지는 않다는 것입니다. 여기서 우리는 그리스도교 신학자가 그리스도교의 신론이 유일신론이라는 생각을 명백히 거부하는 모습을 보고 있습니다. 몰트만에게는 양태론과 유일신론이 사실상 동일합니다. 게다가 그에게 **유일신론**은 온갖 부정적인 정치적 함의가 내포된 용어입니다. 그가 볼 때 변증가들이 철학적 유일신론을 수용한 것은 그리스도교가 로마 제국에서 세계 종교가 될 수 있게 한 요소였습니다. 그는 유일신론을 정치에 일관되게 적용한 가장 좋은 예로 신정체제의 이슬람을 꼽습니다. 유일신론은 "굉장히 매혹적인 종교-정치적 이념"[44]입니다. 이와 같이 몰트만은 자신의 유일신론 비판을 통해 서로 다른 모든 것이 같은 것으로 환원되는 패권적 또는 억압적 정체성 체계에 맞서 싸우면서 해방신학과 페미니스트 신학을 지지하려 했습니다.

하지만 몰트만이 자신의 관점을 기술하기 위해 유일신론과 대립어인 **삼신론**을 받아들인 것은 아닙니다.[45] 그 대신 그는 자신의

Moltmann, *The Trinity and the Kingdom: The Doctrine of God*, 131.

그의 "그리스도교 유일신론 비판"에 대해서는 Moltmann, *The Trinity and the Kingdom: The Doctrine of God*, 129-150을 보십시오. 여기서 그는 바르트와 라너를 비판합니다. 또한 243면 각주 43에서는 그가 삼신론을 취한다는 혐의에 대해 다음과 같이 부인합니다. "신학의 역사가 보여 주듯이, 그리스도교 삼신론자는 없었다. 바르트조차도 삼신론에 강하게 반대했지만, 누구더러 삼신론자라 하지는 않았다. 언제나 '삼신론'에 대한 표준적 반박은 실질적으로 저자 자신의 양태론을 숨기기 위한 것이었다." 몰트만은 자신이 삼위일체론을 지지하며 유일신론을 거부하는 것이 삼신론으로 낙인찍히는 것을 용납하지 않았지만, 그의 주장에 공감하는 신학자 중 적어도 한 명은 주저하지 않고 그런 꼬리표를 붙였습니다. 셜리 거스리(Shirley C. Guthrie)는 "만일 우리가 그리스도교 신앙을 여러 유일신

200 | 그리스도교의 신: 역사적 개관

제안을 "사회적 삼위일체론"이라고 불렀습니다. 이는 "성자 예수의 역사에 관한 그리스도교의 특수한 전통"에서 출발하여 "삼위일체에 관한 역사적 교리를 개발하는 데까지" 나아갑니다. 신의 일치는 세 인격의 상호 관계 및 상호 침투 안에서 "셋의-일치" tri-unity입니다. 몰트만은 다마스쿠스의 요하네스가 말한 페리코레시스περιχώρησις 또는 치르쿰인세시오circumincessio: 상호내재 개념을 회복시켰습니다. 몰트만은 이렇게 말합니다. "이 개념은 영원한 신적 삶의 순환적 성격을 포착한다 … 그들의 영원한 사랑으로 그들은 그들이 하나 될 정도로 서로 안에 살고, 서로 안에 거한다."[46] 오리게네스 역시 세 인격의 일치를 사랑 안에서의 일치로 말했습니다. 더욱이 몰트만은 오리게네스가 신적 고통에 대해 말하고자 했던 것을 다음과 같이 칭송합니다. "오리게네스는 … 그리스도가 우리를 위해 겪은 신의 수난에 대해 이야기한다. 동시에 삼위일체 안에서 아버지와 아들 간의 신적 수난을 내비친다."[47] 이런 식으로 몰트만은 고전 전통이 신의 무감수성을 주장한 것에 대한 과정 신학자들의 비판을 공유합니다. 하지만 그가 보기에는 삼위일체론으로 완전히 발달한 신론만이 신의 사랑에 관한 주장을 일관

론 종교 중 하나로 여기지 않는다면 … 삼신론으로 불릴 위험쯤 무릅쓸 만한 가치가 있을 것 같다"라고 제안합니다. Guthrie, *Christian Doctrine*, revised edition (Louisville: Westminster John Knox, 1994), 93-94.

46   Moltmann, *The Trinity and the Kingdom*, 174-175.

47   Moltmann, *The Trinity and the Kingdom*, 24.

되게 제시할 수 있습니다. "왜냐하면 우리는 삼위일체론의 측면에서만 신의 고통에 대해 이야기할 수 있기 때문입니다. 유일신론으로는 불가능합니다."[48]

카우프만 ― 신으로서의 창조성. 유일신론에 대한 몰트만의 비판은 유일신론을 신에 대한 성서적 믿음을 이해하는 적절한 방법으로 제시한 니버의 권고와는 극과 극입니다. 니버의 학생인 고든 카우프만Gordon Kaufman, 1925-2011은 자신의 멘토의 전통을 취해 한 걸음 더 나아갑니다. 니버처럼 카우프만도 우리의 모든 지식이 역사적으로, 문화적으로 상대적이며 절대화될 수 없다고 믿는 역사주의자입니다. 그리고 칸트처럼 카우프만도 유신론 신앙의 도덕적 함의에 대해 깊은 관심을 두고 있습니다. 하지만 포이어바흐처럼 그는 신학이 인간의 상상력으로 '신'이라는 상징을 구성하는 활동이라고 생각했습니다. 이런 측면에서 카우프만은 신학을 신의 계시에 기초한 것으로 보는 관점(바르트)이나, 성서의 무시간적 메시지를 현대적 개념으로 번역하는 해석 활동으로 보는 관점(틸리히와 루돌프 불트만)과 자신을 구별했습니다. 하지만 그는 계시에 대한 니버의 상당히 '부드러운' 주장과도 거리를 두었습니다. 니버의 부드러운 주장은 그리스도인으로서의 우리의 역사에서 신이 어떻게 활동해 왔는가에 대한 니버의 '고백적' 접근과 동류입니다. 카우프만은 그 대신 신학적 상징의 의미를 비판하고 평가하기 위

---

48 Moltmann, *The Trinity and the Kingdom*, 25.

한 명백히 '실용적인' 기준—그것은 우리가 세계에 인간적으로 살아갈 수 있게 하는가?—을 채택합니다. 그는 인간이 인간의 삶의 방향을 잡아 주는 세계상을 상상하여 창조한다고 생각합니다. 그리스도인에게 신은 그리스도인의 삶에 관한 다양한 가치와 헌신을 체계화하고 분명하게 하는 핵심 상징입니다. "규제적" 관념으로서의 신에 관하여 말한 칸트와 비슷하다고 볼 수도 있을 것입니다. 카우프만이 보기에, 신학의 과제는 신 개념 또는 상징에 대한 비판과 재구성으로 이루어집니다. 그는 이 특수한 개념이 어떻게 인간의 상상력으로 구성되었으며, 어떤 기능을 수행하는지를 신학자들이 물었으면 했습니다.

신 개념은 인간의 모든 관념 중에서 가장 복잡한 변증법적 개념 중 하나다. 한편으로 신 개념은 명백히 우리의 개념이다. 우리 인간들이 신 개념을 창조했다. 우리는 역사의 흐름 속에서 신 개념을 빚어 내고 다듬었다. 그리고 우리의 예언자적 시각과 우리의 신학으로 신 개념을 계속해서 비판하고 재구성하고 있다. 다른 한편으로 신 개념은 우리의 지고한 생각, 우리의 지순한 열망, 우리의 가장 심오한 통찰, 우리의 가장 깊은 직관이 미치는 범위를 벗어나는 관념이다. 신 개념은 사실 **한계를 설정하는** 관념이며, 단순히 또는 직접적으로 사유될 수 없고 다만 간접적으로만 사유될 수 있다. 즉, 우리에게 속한, 우리가 하는, 우리가 경험하고 생각하는 모든 것을 제한하고, 상대화하고, 문제 삼는 개념으로서 간접적으로만 사유될 수 있다.[49]

신이라는 상징은 상대화하고 인간화하는 기능을 합니다. 이 상징은 한편으로 우리가 우리 자신을, 우리의 가치를, 우리의 관점을 절대화하지 못하게 막아 줌으로써, 우리를 겸손하게 합니다. "신에 관한 우리의 이해는 극명한 대조를 이루는 우상 개념과 밀접하게 연결되어 있으며 우상 개념에 의존합니다. 우상 숭배라는 개념이 없으면, 우리는 우리가 '신'이라는 말로 의미하는 바가 우리 자신에게 명확해지게 할 수 없습니다."[50] 다른 한편으로 이 상징은 이웃에 대한 사랑과 자연 세계에 대한 돌봄으로 이루어진 진정으로 인간적인 실존 방식을 받아들이도록 우리의 마음을 열어 줍니다. "따라서 '신'은 우리가 주저함 없이 우리 자신과 우리의 삶을 내어 줄 수 있는 이름이며, 이 세계에서 인간의 삶이 가장 적절하게 지향할 수 있다는 측면에서 우리가 전폭적으로 헌신할 수 있는 적절한 대상입니다."[51]

카우프만은 초기에, 도덕 작인이 결국 인격주의적 신 개념에 의해서만 유지될 수 있다는 견해를 옹호했습니다. 하지만 그가 생태 위기에 점점 관심하게 되면서, 그의 신학에서 이러한 측면이 수정되었고, 그리스도교 유신론의 인격주의와 신인동형론(인간의 성품을 신에게 귀속시키는 것)이 인간중심주의 또는 인간 중심적이

49   Gordon D. Kaufman, *In Face of Mystery: A Constructive Theology* (Cambridge: Harvard University Press, 1993), 369.

50   Kaufman, *In Face of Mystery*, 451.

51   Kaufman, *In Face of Mystery*, 237.

라고 생각하게 되었습니다. 인간들은 자신들을 단지 역사적 존재로만 볼 게 아니라, 생물학적 존재로 볼 필요가 있습니다. 그래서 그는 이러한 이중적 강조점을 포착하기 위해 "생역사적"biohistorical이라는 표현을 만들어 냈습니다.[52] 카우프만은 창조자와 역사의 주인이라는 전통적 신 개념 대신, 유신론 상징이 지시하는 대상이 이제 "예기치 않은 창조성"serendipitous creativity으로 이해되어야 한다고 제안했습니다. **'예기치 않은'**이라는 형용사는 우리가 우주에서 우리 자신을 발견한다는 사실의, 우리 인간이 우리를 출현시킨 생물학적 진화 과정과 역사 발전의 산물이자 그 수혜자라는 사실의 놀라운, 예기치 못한, 불가해한 특성을 표현합니다. '창조자'에서 '창조성'으로의 전환은 세상을 창조하고 다스리는 인격적 행위자인 전통적인 성서적 신 이미지가 이원론적이라는 카우프만의 확신을 반영하고 있습니다. 교회의 유일신론이 고대의 이원론 형태와 맞서 싸웠던 것을 상기하면서 이러한 판단을 처음 접하게 되면 뜻밖일 것입니다. 하지만 이로써 그가 의미하는 바는 전통이 "현실의 근본적 이중성"으로, 신(존재하는 모든 것의 원천)과 신의 창조(세계와 세계 안의 모든 것) 사이에 갈라진 틈으로 작동되었다는 것입니다.[53] 그러한 전통적 모형은 모든 실재를 하나의 통일

---

52   이러한 점이 나타난 그의 자전적인 성찰을 보십시오. "My Life and My Theological Reflection: Two Central Themes," in *American Journal of Theology and Philosophy* 22 (January 2001): 3-32.

53   Kaufman, *In Face of Mystery*, 271.

체로 보는 자연주의적이고 생태적인 관점과 결이 다릅니다. 우리는 신이 이러한 자연적·역사적 관계의 상호 의존적인 망 "바깥에" 서 있다고 볼 수 없습니다.[54] 그가 "지금 제안하는 신은 우주 도처에서 그리고 인류를 낳아 온 (우리 인간이 특히 관심하는) 이 진화-역사적 궤적에서 스스로를 나타내는 근저의 실재(그것이 무엇일는지 간에)—궁극의 신비—로 이해되어야" 합니다.[55]

카우프만은 자신의 그리스도교적 관점이 자기가 하는 것에 영향을 미친다는 점을 인정하지만, 우리가 "너무나 지역주의적인 우리의 전통이 우리에게 물려준 제한된 측면으로만 계속해서 살아가고 생각"할 수는 없다고 주장합니다. 그래서 그는 자신을 "서구를 넘어, 그리스도교의 틀을 넘어 세계의 풍요로움과 중요성을 이제 막 어느 정도 엿보기 시작한" 그리스도교 신학자로 여깁니다.[56] 카우프만은 교회가 신에 대한 자기의 신앙을 절대화할 때마다 정치·사회에 미치는 부정적인 영향력을 지적하는 이들에게 대한 응답으로, '신'이라는 상징의 올바른 의미(또는 기능)가 최고의 해독제라고 답합니다.

---

54   카우프만은 헨리 넬슨 와이먼(Henry Nelson Wieman)의 *The Source of Human Good* (Chicago: University of Chicago Press, 1946)에 빚지고 있음을 인정합니다. 와이먼도 "창조성" 내지 "창조적 과정"으로서의 신 개념을 개발했습니다. 카우프만의 "My Life and My Theological Reflection," 27을 보십시오.

55   Kaufman, *In Face of Mystery*, 317.

56   Kaufman, *In Face of Mystery*, xv.

'신' 이미지/개념의 위험이 무엇이든지 간에, 그것은 우리의 가장 심오하고도 포괄적인 상징이다(적어도 서구 문화에서는). 특히, 우리 인간이 알거나 경험하거나 또는 상상할 수 있는 모든 것을, 총괄하면서도 열려 있고 또 철저히 차별화된 하나의 전체로 끌어들이는 힘과 관련해서 그렇다. 신 중심적 상징은 올바르게 이해되고 해석될 때, 이를 담지하고 있는 이들의 자민족 중심주의를 분별하고 비판할 수 있는 준거점을 제공한다. 그것은 이에 그치지 않고, 오늘날 우리가 생태적으로 연결된 생명의 망에 굉장히 파괴적인 것이라고 보는 인간중심주의를 극복할 수 있는 인간 삶의 방향의 틀을 제공한다. 그것은 이러한 방향의 틀의 핵심에 이러한 자기-비판적이고 잠재적으로 자기-수정적인 원리가 현전하는 것이고, 이것만으로도 그 자체를 위해 만들어진 보편주의적 주장들을 정당화할 수 있다.[57]

니버처럼 카우프만도 철저한 유신론적 신앙과 철두철미한 역사적·문화적 상대주의를 이와 같이 결합했습니다.

구스타프슨의 신중심주의 Theocentrism. 니버의 또 다른 학생인 제임스 구스타프슨James M. Gustafson, 1925-도 역사적·문화적 상대주의의 통찰들을 아우를 수 있는 신학적 틀을 개발하는 데 관심을 두고 있습니다. 구스타프슨은 신학이 역사적 유신론 전통의 맥락 안에서 작동함을 인정합니다. 그리고 그는 신학자들은 자기-비판적이어

---

57 Kaufman, *In Face of Mystery*, 439.

야 하며, 증거가 보증하는 것 이상으로 신에 대해 안다고 주장해
서는 안 된다고 생각합니다. 구스타프슨은 계시에 근거한 신학은
물론이고 자연신학도 신에 대해 안다고 주장한 것들이 지나치게
과하다고 생각했습니다. 신학은 평범한 인간의 경험에 근거하며,
주로 실천적인 과업으로, "아주 광범위한 인간 경험을 이해 가능
하게 하며, 그 경험에서 그리고 경험에 대해서 어느 정도 의미를
찾고, 사람들이 일관된 방식으로 살고 행동할 수 있게 해 주는 노
력"입니다. 신학은 "모든 사물을 신과의 **관계**에 알맞게 관련시키
려는 의도"가 반영된 "세계를 이해하는 하나의 방식"입니다.[58]

구스타프슨은 유해한 인간중심주의가 서구의 신학과 윤리 전
통에 영향을 미쳤다고 생각하며 예언자적 비난을 제기해 왔습니
다. 인간 존재가 "모든 사물의 척도"—가치의 궁극적 중심과 종
교와 도덕성의 최종 준거점—가 되어 왔다는 것이 문제입니다.
이러한 인간중심주의는 성서의 우상 숭배 비판과도 상충할 뿐만
아니라, 우주에서의 인간의 자리에 대한 현대 과학의 이해와도
대립합니다. 우리는 "코페르니쿠스식 우주에서 프톨레마이오스
식 종교"[59]를 가지고 있는 셈입니다. 구스타프슨은 성서 전통과

58   James M. Gustafson, *Ethics from a Theocentric Perspective*, 2 vols. (Chicago:
University of Chicago Press, 1981, 1984), 1:140, 158. 구스타프슨은 줄리언 하
트(Julian N. Hartt)가 제안한 신학에 대한 관점을 수정하고 있습니다. 하트는 신
학에 대한 관점을 "신에 대한 귀속성(belonging)에 적합한 방식으로 모든 것을
연관시키려는 의도"로 기술했습니다. Hartt, "Encounter and Inference in Our
Awareness of God," in *The God Experience*, ed. Joseph P. Whelan, S.J. (New
York: Newman, 1971), 52.

그리스도교 전통에 이에 대항하는 경향이 있음을 인식했고, 이러한 '신중심적' 요소를 선별적으로 복원함으로써 인간중심주의에 대한 가장 철저한 대안 중 하나를 제안했습니다. 구체적으로 그는 장 칼뱅 전통에 자신을 위치시켰습니다. 이 전통에서는 인간의 주된 목적이 신을 섬기는 것입니다. 그러나 구스타프슨은 자신의 입장과 칼뱅의 입장 간의 어떤 동일함을 주장하지 않으려고 주의를 기울였습니다. 구스타프슨은 과학이 가르쳐 준 것에 비추어서 전통적인 그리스도교 신학의 여러 측면을 폐기했기 때문에, 자신이 발전시킨 칼뱅 전통을 "여러 종류 중 하나의 개혁 신학"이라고 불렀습니다.[60] 구스타프슨은 현대 신학자들이 신과 인간에 대한 전통적 가정들을 재고함에 있어 현대 과학의 결과들을 완전히 진지하게 받아들이지 않고 있다고 비판합니다. 그는 그러한 예로 틸리히와 몰트만을 지목했습니다.[61] 이 신학자들은 지구와 인류의 발달에 대한 과학적 설명을 거부하지는 않았지만, 인간과 인간의 성취가 신의 핵심 관심이라는 견해를 계속 존속시키고 있습니다. 구스타프슨은 인간을 사물의 중심에서 벗어나게 할 것을 요구합니다. 그리스도교의 인간 구원에 대한 심취는 신을 인간을 섬기는 자리에 둡니다. 인간 구원에 대한 관심이 신을 섬기는 것에 부수적이어야 한다는 칼뱅의 신념은 구원론에 집중하

---

59   Gustafson, *Ethics from a Theocentric Perspective*, 1:88, 190.

60   Gustafson, *Ethics from a Theocentric Perspective*, 1:157.

61   Gustafson, *Ethics from a Theocentric Perspective*, 1:37-48.

는 전통의 초점을 정정할 수 있습니다.

하지만 개혁파 전통도 인간중심주의에 책임이 있습니다.[62] 칼뱅과는 달리 구스타프슨은 신의 특별한 섭리에 따라 만물이 개인의 구원을 향한 신의 의도로 지배된다는 개념을 폐지합니다. 더욱이, 구스타프슨이 보기에 신실한 사람들이 겪는 불행과 불의에 대한 위로가 될 수 있는 죽음 이후의 삶이란 없습니다. 구스타프슨은 칼뱅식의 신인동형론을 비롯하여 고전적 신론의 신인동형론을 비판합니다. 우리가 알아볼 수도 있으며 그에 따라 종교적이고 도덕적인 삶을 구성할 수도 있는 '목적'을 신이 가지고 있다고 말할 수는 있겠지만, 인간들과 같은 식으로 신이 '의도'를 가지고 있지는 않습니다.[63] 구스타프슨은 신에 대한 칼뱅의 사유에서 다른 줄기, 즉 칼뱅이 "자연은 신이다"라고 하면서 자신을 스토아학파 가까이에 위치시킨 부분에 호소합니다.[64] 당연히 구스타프슨은 슐라이어마허가 스피노자의 범신론을 전유한 것도 가치 있게 평가하고 있습니다.

62　구스타프슨은 다음과 같이 말합니다. "바르트는 분명하게 단정적으로 '신은 인간을 위한다'(God is for man)라고 말한다. 나는 신이 인간과 대척한다(against)고 말하지는 않는다. 하지만 신이 인간을 위한다는 의미는 신중하게 제한적인 방식으로 표현되어야 한다." Gustafson, *Ethics from a Theocentric Perspective*, 1:181.

63　구스타프슨이 개혁파 전통과 자신의 연속성과 불연속성에 대해 자세히 설명한 것으로는 *Ethics from a Theocentric Perspective*, 1:157-193에 있는 "A Preference for the Reformed Tradition"이라는 제목의 장을 보십시오.

64　Gustafson, *Ethics from a Theocentric Perspective*, 1:251. 여기서 *Inst.* 1.5.5 (1:58)를 인용하고 있습니다.

칼뱅과 슐라이어마허처럼 구스타프슨은 종교적이고 도덕적인 삶의 감정affections으로 이해되는 경건에 매우 중점을 두고 있습니다. 그는 **신앙**이란 말보다 **경건**이라는 말을 선호하는데, 왜냐하면 후자는 신념을 내포하고 있지 않으며, 또한 그것은 신에 대한 충실함이 자신들이 이해한 대로 좋은 결과로 나타난다고 믿도록 사람들을 오도하지 않기 때문입니다. 경건은 신의 다스림에 대한 동의를 포함하는데, 이는 세상에서의 상호 의존 형태 및 과정에서 식별됩니다. 경건의 감정은 자연, 역사, 사회, 문화, 자아 속에서 다양한 힘들이 우리를 짓누르고 또 지탱하면서 일어납니다. 신학은 그러한 '타자들' 속에서, '타자들'을 통해서 우리를 짓누르고 또 지탱해 주는 궁극적 '타자'(신)와 관련하여 이러한 경험들을 해석합니다. 신 중심의 경건은 여섯 가지 정서적인 '감각들'―의존 감각, 감사에 대한 감각, 의무감, 후회 내지 회개에 대한 감각, 책임감, 방향감―로 특징지어집니다. 이러한 감정에 기초하여 신학은 창조자, 지탱자, 통치자, 심판자, 구속자라는 신에 대한 상징을 회복할 수 있습니다. "'신'은 우리를 누르고, 우리를 지탱하며, 관계의 질서를 정하고, 인간 활동의 가능성의 조건을 제공하고, 방향 감각까지도 제공하는 힘을 지칭합니다."[65] 신 중심의 관점에서는 "신은 우리가 무엇이 될 수 있게, 무엇을 할 수 있게, 무엇이 되도록, 무엇을 하도록 요구하는가?"라는 실천적인 도덕 문제

65　Gustafson, *Ethics from a Theocentric Perspective*, 1:264.

가 제기됩니다. 가장 일반적인 대답은 "우리는 우리 자신 및 만물과 관계하되, 그것들과 신의 관계에 알맞은 방식으로 해야 한다"[66]입니다. 구스타프슨에게 성서는 자신들의 다양한 역사적 맥락에서 신의 목적을 분별하고자 했던 신 중심적 경건의 사람들의 경험을 이야기하고 있습니다. "예수는 신 중심적 경건과 신의를 체현하고 있으며" 따라서 그리스도인들의 삶에 계속 영향을 미칠 수 있습니다.[67] 하지만 여러 비평가는 그가 인격적 신을 거부했고 죽음 이후의 삶을 부정했기 때문에 그리스도교 전통에서 완전히 벗어났다고 비판했습니다.[68] 하지만 구스타프슨은 신학이 언제나 물려받은 전통의 수정에 참여해 왔고 또한 성서 자체 안에도 신학적 수정이 일어난다는 점을 지적합니다.[69]

지난 세기 신학은 계몽주의가 정해 놓은 의제들을 개발하고, 수정하고, 비판해 왔습니다. 현대 과학이 제시한 사건에 대한 자연주의적 설명들, 역사주의와 문화적 상대성에 대한 통찰들, 신의 궁극적 신비에 대해 말하려는 시도로서 신학의 인간적 성격에 대한 새로운 자기-의식의 윤리적 함의들은 중요한 도전을 제기해 왔습니다.

66   Gustafson, *Ethics from a Theocentric Perspective*, 1:327.

67   Gustafson, *Ethics from a Theocentric Perspective*, 1:276.

68   몇몇 비판적(또한 호의적) 반응에 대해서는 다음을 보십시오. *James M. Gustafson's Theocentric Ethics: Interpretations and Assessments*, ed. Harlan R. Beckley and Charles M. Swezey (Macon: Mercer University Press, 1988).

69   Gustafson, *Ethics from a Theocentric Perspective*, 1:136-50.

9
결론

과거를 이해하려는 모든 노력은 역사에서 현재 순간의 방향에 대한 관심에서 어느 정도 비롯됩니다. 게다가 모든 역사 해석은 동시대의 환경이 제기한 중요한 도전을 인식함으로써 직접적으로는 아니더라도 간접적으로 영향을 받습니다. 그리스도교의 신 이해 방식에 대한 이 간략한 역사는 신을 믿는 신앙의 의미를 살피는 현재의 성찰을 위한 여러 선택지와 문제들을 설명하기 위한 것입니다. 하지만 과거만으로는 이 모든 물음에 답하기에, 그리고 역사의 현 순간의 모든 도전에 응하기에 충분하지 않습니다. 이런 이유로, 이 역사적 조망에서 도출되는 딱 부러지는 깔끔한 결론은 없습니다. 오히려 이 조망은 그리스도교 전통이 변화하는 필요와 통찰들에 응답하면서 계속 발전함에 따라, 미래가 열려 있을 뿐만 아니라 토론, 논쟁, 논란이 계속될 것임을 시사합니다.

하지만 숙고의 초점을 맞추는 데 도움이 될 만한 몇 가지 일반적인 관찰은 있습니다.

그리스도교 전통은 너무나 복잡합니다. 단일한 전통이 아닐지도 모릅니다. 아마 그리스도교 **전통들**이라고 복수형으로 말하는 게 더 이해를 돕는 말일 것 같습니다. 단일한 교회론, 그리스도론, 구원론이 없듯이, 단일한 그리스도교 신론도 없습니다. 게다가 그리스도인들이 신에 대해 확언해 온 많은 부분은 이러한 다른 교리들의 자리와 관련하여 자신들이 헌신해 온 바와 불가분하게 얽혀 있습니다. 이는 우리 시대에 '에큐메니즘'ecumenism: 교회 일치 운동과 '정통주의'의 의미를 어떻게 이해해야 하는가에 관한 중요한 물음을 제기합니다. 그리스도인들은 역사적으로 자신들을 분열시킨 모든 쟁점에 대한 합의점을 찾게 될 것이라고 기대해야 할까요? 아니면 에큐메니즘이 그리스도교 유산 안에서의 다원성에 대한 인식으로 그려지는 게 가능할까요? '무엇이 정통을 구성하며 누가 이를 결정하는가'라는 선결문제를 가정하는 쟁점에서 벗어나, 저 규범이—그리고 이와 상반되는 말인 '이단'이—이러한 유산에서 무엇이 가치 있는지를 평가하기 위한 유일한 기준이어야 하는가 하고 물을 수 있습니다. 게다가 성서 안에 신학적 다원주의가 있음을 인정한다면, 그러한 인식이 그리스도인들에게 신학의 전통적 원천들에 관하여 생각하기 위한 새로운 방식이 있음을 내비치는 것은 아닐까요? 성서 이후의 전통에 분명하게 드러난 거대한 신학적 다양성의 근저에 성서 안의 신학적 다양성이 놓여 있습니다. 이런 까닭에 "이 전통 중 어느 것이 성서를 올바르게 해석해 왔는가?" 하고 묻는 것은 이치에 맞지 않습니다. 성서 자체가 단일한 조직신학을 담고 있는 단순하고, 일의적인 원천이 아니기 때문입니다.

그리스도교의 신론은 순전히 '그리스도교적'이기만 한 적이 결코 없었습니다. 그리스도인들이 믿는 것 중 상당수가 유대교 및 이슬람교와 공유하는 부분입니다. 이 특수한 중첩은 고대 이스라엘 전통에 공통의 조상을 두고 있다는 점으로 설명될 수 있습니다. 하지만 이스라엘은 신에 대한 자신들의 이해를 발전시키면서 주변 환경으로부터 여러 특색을 빌려와서 개작하였습니다. 헬레니즘 시대의 유대인과 그리스도인은 그리스 철학에서 매력적인 점을 많이 발견했고, 이 전통을 성서의 유산에 동화시켰습니다. 실제로 그리스도교의 가장 독특한 점인 삼위일체적 신론은 그리스 철학자들이 구축한 범주들로 성서의 신에 대해 말하려는 시도를 통해서 발전했습니다. 고전 그리스도교는 유대교와 헬레니즘의 교차점에서 등장했는데, 이 전통들 모두 획일적으로 통제된 것들이 아니었습니다. 각자 자기 안에 신에 대해 생각하고 말하는 여러 방식을 품고 있었습니다. 그리스도교에 분명히 나타나는 상당수의 내적 다원성은 한 전통의 다양한 측면과 다른 전통의 다양한 조각들을 결합하는 다양한 가능성에서 나온 결과로 설명될 수 있습니다. 게다가 신에 관한 그리스도교의 교리들은 정치적, 사회적, 문화적 발전에도 영향을 받았으며, 교회가 신학을 발전시킨 매우 구체적인 맥락과 별개로 등장한 것이 아닙니다. 그리스도교는 사실 복합적인 유산입니다.

오늘날 핵심 쟁점은 그리스도교 내부의 에큐메니즘만이 아니라, 그리스도교 및 비그리스도교 종교와의 관계입니다. 우리가 자신을 발견하는 세계가 점점 작아져서 더욱 서로를 의존하게 되는 우리 시대에는, 다른 종교들과 그들의 역사가 그리스도교 못지않게 복잡성을 띤다고 생각하는 것이 현명할 것입니다. 이 전통 중 일부는 '신'에 대해 이야기는 반면, 또 다른 전통들은 세계에서의 인간 실존의 신비에 대해 말하기 위해 이 상징을 사용하지 않습니다. 아마 그리스도인들이 자신의 역사에서 배울 수 있는 가장 중요한 교훈은 궁극적 실재의 본성을 해석하는 다양한 방식이 있다는 점일 것입니다. 그리스도인들이 서로에게, 또한 다른 종교 전통의 추종자들에게 존중과 겸손함을 가지고 다가간다면, 과거를 살피는 것만으로는 예견할 수 없는 무언가 새롭고 희망적인 것이 미래에 나타날지도 모릅니다.

더 읽을거리

Karen Armstrong, *A History of God: The 4,000-Year Quest of Judaism, Christianity, and Islam* (New York: Knopf, 1993). 『신의 역사』 1-2, 배국원 옮김(서울: 동연, 1999).

Marcus J. Borg, *The God We Never Knew: Beyond Dogmatic Religion to a More Authentic Contemporary Faith* (San Francisco: HarperCollins, 1997). 『새로 만난 하느님』, 한인철 옮김(서울: 한국기독교연구소, 2001).

Philip Clayton, *The Problem of God in Modern Thought* (Grand Rapids.: Eerdmans, 2000).

Langdon Gilkey, "God" in *Christian Theology: An Introduction to Its Traditions and Tasks*, ed. Peter C. Hodgson and Robert H. King, newly updated edition (Minneapolis: Fortress Press, 1994): 88-113.

Sallie McFague, *Models of God: Theology for an Ecological, Nuclear Age* (Philadelphia: Fortress Press, 1987). 『어머니, 연인, 친구: 생태학적 핵 시대와 하나님의 세 모델』, 정애성 옮김(서울: 뜰밖, 2006).

Schubert M. Ogden, *The Reality of God and Other Essays* (San Francisco: Harper and Row, 1977).

Francis Schüssler Fiorenza and Gordon D. Kaufman, "God" in *Critical Terms for Religious Studies*, ed. Mark C. Taylor (Chicago and London: The University of Chicago Press, 1998): 136-59.

감사의 말

이 글의 초안은 매년 봄마다 밴더빌트 신학대학원Vanderbilt Divinity School에서 열린 "구성신학 모임"Workgroup in Constructive Theology을 위해 썼습니다. 저는 이 모임의 친구들과 동료들이 개선을 위해 건넨 비평과 제안으로부터 도움을 받았습니다만, 이 글의 최종 원고에 그들이 베푼 좋은 아이디어들을 전부 다 공정하게 다루지는 못했습니다. 저는 지난 몇 년 동안 수많은 토론을 통해 신론이라는 주제에 대한 제 생각을 더 명확하게 만들어 준 신론을 다룬 소모임 동료 구성원들(로럴 슈나이더Laurel Schneider, 엘렌 아머Ellen Armour, 돈 컴피어Don Compier, 프랜시스 쉬슬러 피오렌자Francis Schüssler Fiorenza, 피터 하지슨Peter C. Hodgson)에게 특히 감사를 표하고 싶습니다.

또한 포트리스 출판사의 마이클 웨스트Michael West에게 특별한 감사의 말을 전합니다. 그는 놀랍고 기쁘게도 원래 글을 짧은 분량으로 수정하자는 제안으로 이 책의 기획을 시작했습니다. 또한 포트리스 출판사의 젠 실리Zan Ceeley와 밥 토드Bob Todd도 저를 대신해서 이 책 출간 준비로 도움을 주었으며 마땅히 그들에게 감사를 표해야겠습니다.

저는 유나이티드 신학교United Theological Seminary에서 수많은 분들의 도움을 받았습니다. 지난 11년 동안 원고를 타이핑해 준 신실하고 성실한 비서 메리 앤 넬슨Mary Ann Nelson, 여러 번 도움을 준 우리의 도서관 사서 데일 도비아스Dale Dobias. 그리고 나의 좋은 동료 교수 진 캐럴린 프레슬러Carolyn J. Pressler, 로제타 로스Rosetta E. Ross, 리처드 웨이스Richard Weis, 타사 윌리Tatha Wiley는 전문 지식으로 도움을 주었거나 중요한 순간에 필요했던 격려를 준 이들입니다. 매튜 버사젤 브렐리Matthew Bersagel Braley, 비키 게일로드Vicki Gaylord, 토드 스미스 리퍼트Todd Smith Lippert, 제임스 윌슨James R. Wilson, 크리스티 워스−데이비Christi Wirth-Davi —다섯 명의 뛰어난 학생—는 매서운 질문과 솔직한 피드백으로 그들이 생각하는 것 이상으로 나에게 큰 도움을 주었습니다.

또한 유니언 신학교Union Theological Seminary의 개혁신학연구소Institute for Reformed Theology에 매우 감사드립니다—버지니아 리치먼드에 있는 장로교 크리스천 교육 학교Presbyterian School of Christian Education는 2000-2001학년도에 "최근 신학에서 신의 행동"에 관한 토론에 참여하도록 저를 초청해 주었습니다. 더글라스 오타티Douglas F. Ottati가 능숙하게 주도한 이 토론은 여기서 다룬 여러 문제를 목회자, 학생, 교수들과 더불어 깊이 생각해 볼 수 있도록 오랜 기간의 기회를 주었습니다.

이 토론 과정에서 어느 신학자의 작업을 주의 깊게 연구했는데, 그는 바로 제임스 M. 구스타프슨입니다. 구스타프슨 교수는 기나긴 서신 왕래로 자신의 시간을 기꺼이 할애해 주셨고 그의 "신중심적" 관점에 대해 오랜 시간 대화해 주셨습니다. 그의 관대함과 인내에 감사를 전하고 싶습니다. 그가 쓴 글은 이전에 제가 신에 대해 가정했던 많은 것을 다시 생각해 보게 하였고, 저의 가장 깊은 종교적 신념에 대한 보다 적절한 신학적 표현을 찾도록 도전하였습니다.

저는 출간을 위해 이 글을 수정하는 과정에서, 삼위일체 교리를 결코 이해할 수 없었던 돌아가신 아버지를 기억할 기회가 있었습니다. 아버지는 어느 목사님께 이를 설명해 달라고 기회가 될 때마다 요청하였습니다. 저는 신학대학원생들을 가르치면서 역사적 신학 연구를 진지하게 여기는 것이 중요하다는 점을 각인시키려 합니다. 그들이 회중에게 그리스도교 전통의 해석자 역할을 하도록 부름받을 때, 회중 가운데 저의 아버지와 같은 사람들이 항상 있기 때문입니다. 제 작은 책은 이렇게 교회에서 질문하는 사람들을 위해 쓴 것입니다.

저는 제 삼촌과 이모인 조지George와 헤리엇 카페츠Harriet Capetz에게 이 책을 헌정합니다. 이들은 믿음, 소망, 사랑이라는 덕목을 몸소 보여 주었을 뿐 아니라, 제 삶에 굳건한 반석을 제공해 주었습니다. '가족 가치관'family values에 대해 수많은 공론이 분분했던 시기에, 그들은 매우 개인적인 방식으로 '가족'의 진정한 의미를 저에게 보여 주었고, 보여 주고 있습니다. 저는 이분들로 인해 매일 신께 감사를 드립니다.

찾아보기